그대의 고독이

그대를 살게 하기를

허연

마흔에는
고독을 받아쓰기로 했다

마흔에는 고독을 받아쓰기로 했다

삶의 변곡점에서 필사하는 동서고금의 명문장

허연 지음

J'ai décidé d'écrire ma solitude à quarante ans.

생각정거장

저자의 말

높이 8,125미터인 히말라야 낭가파르바트는 악명 높은 봉우리다. 산악 사고가 빈번하기 때문이다. 낭가파르바트 베이스캠프 입구에는 이렇게 써 있다.

"당신 왼쪽에 있는 봉우리는 죽음의 산 낭가파르바트입니다."

낭가파르바트를 처음 등정한 사람은 오스트리아 산악인 헤르만 불Hermann Buhl이다. 그는 1953년 생사를 건 무산소 단독등정으로 낭가파르바트를 정복했다. 하지만 귀환은 쉽지 않았다. 내려오는 길에 밤을 맞이했고 8,000미터 벼랑에 끼어 밤을 지새워야 했다. 산소는 희박했고, 기온은 영하 30도였다. 지구에 혼자 남은 것 같은 고독이 밀려왔다. 헤르만은 당시 심정을 자신의 책 《8000미터 위와 아래Achttausend drüber und drunter》에서 이렇게 표현한다.

"비바크 텐트도 침낭도 없었다. 고독만이 있었다. 하지만 앞으로 다가올 밤이 조금도 무섭지 않았다. 이상하리만큼 마음이 편했다. 모든 일이 그저 당연하게만 느껴졌다. 이렇게 될 수밖에 없었다. 처음부터 이미 알고 있었던 일 아닌가."

그는 죽음이 엄습해오는 절대고독의 공간에서 마음의 평안을 느낀다. 모든 것을 내려놓고 스스로 완전해졌기 때문이다.

사실 가장 완전한 인간은 고독할 줄 아는 인간이다. "혼자와 함께 혼자여야 한다"는 유명한 아포리즘처럼 말이다. 고독은 우리에게 초월을 가져다준다. 잘 혼자인 사람만이 스스로를 성찰할 수 있고, 삶을 헤쳐나갈 수 있으며, 혼돈 속에서 중심을 잃지 않을 수 있다.

마흔 살 무렵 혼자 실크로드를 여행한 적이 있었다. 삶은 식상해져 있었다. 젊은 날의 꿈은 퇴색했고 그냥 하루하루를 살아가고 있었다. 그 무기력으로부터 벗어나고 싶어서 아껴둔 휴가를 끌어모아 떠난 여행이었다.

여행 칠 일차쯤 접어든 날 나는 중앙아시아 한 작은 나라 간이공항에 있었다. 다음 기착지로 가는 소형 비행기를 타기 위해서였다. 하지만 비행기는 오지 않았다. 그렇게 나흘 밤낮 동안 비행기를 기다렸다. 사람이라곤 가끔씩 나를 무섭게 노려보던 공항 관계자 몇 명이 전부였다. 공항엔 식당도 없었고, 내전 지역이라

가끔씩 자동소총 소리가 들렸다. 휴대폰 통화 같은 건 원활하지 않던 시절이었다. 밤에는 거의 정전이 되곤 했다. 무섭고 고독했다.

온갖 상념들이 나를 엄습했다. 비스킷과 물을 아껴 먹으며 나무의자와 공항 뒤편 사막에서 시간을 보냈다. 비행기는 언제 올지 몰랐다. 반군들이 경유지 공항을 점령하는 바람에 영영 비행기가 안 올지도 모른다는 소문도 들렸다. 막막했다. 너무나 많은 게 그리웠다. 심지어 저주했던 것들마저 그리워지기 시작했다. 헤르만만큼 위태로운 상황은 아니었지만 나는 심리적으로 무너지고 있었다. 그 순간 나는 마른 나뭇가지 같은 걸 들어 단단한 맨땅에 무엇인가를 쓰기 시작했다. 처음에는 생각나는 시를 적었다가 지웠고, 그마저 기억이 바닥나자 내가 좋아했던 고전 구절들을 적기 시작했다.

"나는 사랑한다. 상처를 입어도 그 영혼의 깊이를 잃지 않는 자를"이라는 니체의 구절을 쓰기도 했고, "인간은 패배하기 위해서 태어나지 않았어. 죽을 수는 있어도 패배할 수는 없어"라는 헤밍웨이 구절을 쓰기도 했다. "정신적으로 고양되려면 교회보다는 장례식에 가야 한다고 생각해"라는 토마스 만 글도 써내려갔고, "그대가 비굴하고 잔인한지, 성실하고 경건한지를 아는 자는 그대 자신밖에 없다"는 몽테뉴의 말을 쓰기도 했다.

여행을 떠나기 전 재직하고 있던 신문사에서 고전 관련 칼럼을 쓰고 있었기에 떠오르는 구절들이 꽤 있었다. 그렇게 몇 시간을 보내자 이상하게 마음이 편해지기 시작했다. 두려움이 사라지고 어떤 용기 같은 게 나를 찾아왔다. 약간의 초월 같은 것이었다. 그 문장 몇 개가 두려움에 떨던 나를 다시 일으켜 세운 것이었다. 고독한 필사의 시간. 참 묘한 경험이었다. 비행기를 타고 그 공항을 떠나며 비평가 헤럴드 블룸의 "독서는 인간이 세속에서 할 수 있는 유일한 초월"이라는 말이 생각났다.

그 명문장들이 없었다면 사막에서의 며칠은 더 힘들었을 것이다. 나는 문장들 덕에 잘 고독할 수 있었으며, 고독으로부터 무엇인가를 배울 수 있었다. 그리고 그날의 기억들을 뿌듯하게 떠올릴 수 있게 되었다.

이 책은 매일경제신문에 오랜 시간 연재했던 칼럼 〈책과 지성〉에서 글을 추려 필사집 형태로 묶은 것이다. 나를 위해 순순히 어깨를 내준 고전을 쓴 '거인'들에게 감사한다. 이 필사집이 누군가에게 잠시나마 초월의 순간을 가져다주었으면 좋겠다.

허 연

차례

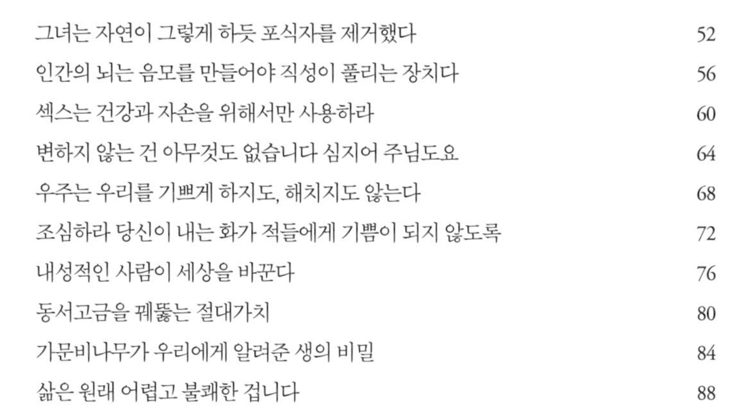

2장 삶의 평온함을 유지하는 법

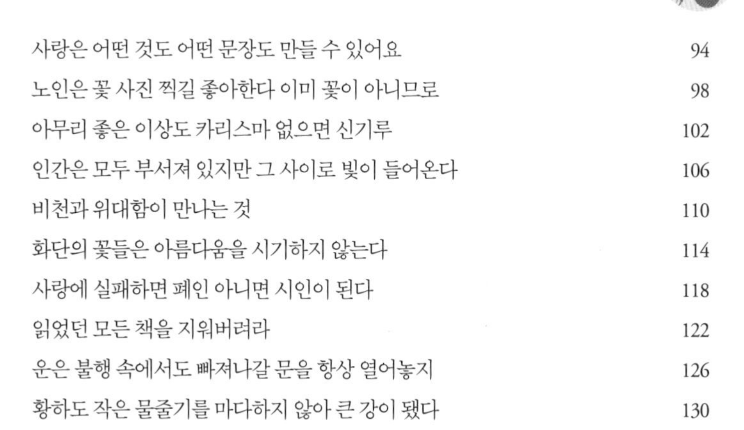

3장 품격 있는 인생을 살아가는 법

4장 행복을 찾는 법

5장 죽음을 이해하는 법

살아 있다는 것은
삶을 벗어나서 존재하는 것은 아무것도 없다는 뜻이다.
그러므로 모든 죽음조차 삶의 일부다.

올가 토카르추크Olga Tokarczuk

1장

고통을 받아들이는 법

내 생각이라 믿는 것 대부분은 타자에게 빌려온 것

"여자는 남자의 증상이다."

원래 문장이라는 게 영물 같은 것이어서 누가 언제 왜 어떤 내공으로 썼느냐에 따라 똑같은 단어의 조합이라 해도 다른 가치를 지닌다. 첫머리에 거론한 자크 라캉Jacques Lacan의 문장을 해석하고 분석하기 위해 수십 권의 책과 수백 편의 논문이 쓰였을 것이다. 이 수수께끼 같은 문장은 도대체 무슨 뜻일까.

나는 이런 식으로 이해하고 싶다. 사춘기 시절 짝사랑하던 소녀가 손에 《데미안Demian》을 들고 다니는 것을 보고 나는 헤르만 헤세Hermann Hesse에 빠진 적이 있다. 그녀는 나에게 '헤르만 헤세'라는 증상을 부여한 것이었다. 연모하는 여학생이 농구를 좋아하는 것을 알고 남몰래 농구를 연마했던 소년들을 우리는 많이 알고 있다. 여학생들이 소년들로 하여금 하나의 증상을 앓게 한 것이다.

이 문장을 놓고 일부 페미니스트 진영에서는 여성 폄하라는 비판이 일기도 했다. 반대로 슬라보이 지젝Slavoj Zizek 같은 사람은 이 문장을 "여성은 남성을 단일화시키는 권력"으로 해석하면서 오히려 반대로 결론을 내리기도 했다.

자크 라캉은 정말 난해하다. 나 역시 라캉을 설명하라고 하면 막막하다. 암호 같고 계시 같은 수만 개의 문장으로 책 한 권이 이루어졌다고 생각해보자. 난해하지 않을 수가 있겠는가. 게다가 그 문장들은 서로 유기적으로 영향을 주고받고 있어서 해석의 영역은 무한대로 확장된다.

그래서일까. 라캉의 대표작인 《에크리Écrits》는 아직 국내에 번역되지도 않았다. 단행본으로 출간된 것은 그의 세미나 내용을 모은 책 중 일부일 뿐이다. 반면 그의 해설서는 많이 출간되어 있다. 대표 저작보다 '나는 그를 이렇게 읽었다'고 주장하는 책들이 더 먼저 출간되어 있는 셈이다.

라캉은 1901년 프랑스 파리에서 태어나 고등사범학교에서 철학을 공부하고 후에 정신병리학을 공부해서 정신과 의사가 된 인물이다. 그가 세상에 알려진 것은 65세가 되던 해 《에크리》를 출간하면서부터였다. 의학계는 물론 사상계가 발칵 뒤집힌 이유는 분명했다. 수백만 명의 환자를 실제 상담한 경험을 바탕으로 인간의 욕망을 철학적으로 분석했기 때문이다. 어쨌든 정신과 의사 라캉의 욕망 이론은 책상물림에 불과한 수다한 이론들을 한낱 허구로 만들어버렸다.

그는 저술보다 세미나를 좋아했는데 현역으로 활동하는 동안 거의 매주 세미나를 열었다. 시대를 풍미한 수많은 철학자가 세미나를 듣기 위해 줄을 섰고, 그들은 훗날 '라캉 학파'의 전파자가 됐다.

라캉은 인간의 욕망을 바탕으로 천기누설을 하듯 차원이 다른 이론을 설파했다.

"그것(욕망)을 손에 쥐는 순간 욕망의 대상은 저만큼 물러난다…. 따라서 대상은 결국 허상이 되고 욕망만 남는다…. 하지만 욕망이 남아 있기에 인간은 또 살아간다."

예를 들어 우리가 고급 별장을 욕망했고, 어느 날 별장이 생겼다고 치자. 그 순간 집에 관한 모든 욕망이 사라질까. 당연히 아니다. 욕망은 여전히 그 자리에 남아 또 다른 집을 그리워하게 만들게 분명하다.

슬프게도 라캉은 한마디를 더 던진다. "인간의 욕망은 결국 타자의 욕망"이라고…. 하긴 그렇다. 내가 어떤 식의 삶을 욕망하는 건, 부모님과 세상이 그것을 원했기 때문이 아닐까.

○

욕망을 손에 쥐는 순간
욕망의 대상은 저만큼 물러난다.
대상은 결국 허상이 되고 욕망만 남는다.
그리고 욕망이 남아 있기에
인간은 또 살아간다.

우리는 고통을 넘어 건너편에 도달해야 한다

제2차 세계대전이 끝나고 어느 정도 시간이 지난 어느 날 미국 펜실베이니아의 작은 마을. 전쟁에 참전했던 남자들이 내면의 깊은 상처는 숨긴 채 환상으로만 채색한 무용담을 어린이들에게 들려준다. 그 자리에 있었던 한 소년은 환상에 이끌려 베트남전에 자원입대한다.

애국심이 모든 걸 덮어준다고 믿었던 소년은 전쟁의 광기에 휩쓸리며 불안과 후회에 몸서리치지만, 닥치는 대로 총을 쏘는 살인병기로 변신한 채 고향으로 돌아온다. 그러나 그를 기다린 것은 환영과 축하 대신 모욕과 수모 그리고 지옥 같은 전쟁의 트라우마였다.

18세 나이로 베트남전에 참전했던 남자가 받은 훈장은 27개였다. 그러나 그가 받은 훈장의 개수만큼 그는 서서히 파괴되어

갔다. 서로 죽이는 참상의 현장에서 인생에서 가장 예민한 시기를 보낸 그는 이미 폭력에 길들여져 있었다. 전쟁에서 돌아온 그는 심각한 후유증 때문에 마약과 알코올에 빠져 노숙자로 살아간다. 사람들과 어울려 살 수도 없었고, 가정을 꾸리지도 못했다. 그러던 그는 우연히 불교 명상수련회에 참가한 것이 계기가 되어 새로운 인생을 찾기 시작하고 그가 기관총을 쏘아댔던 바로 그 나라 베트남의 승려가 된다.

클로드 안쉰 토머스Claude Ansheen Thomas라는 한 남자의 이야기다. 그는 몇 권의 책을 통해 폭력에 찌들었던 한 인간이 폭력성을 치유하고 영적인 길에 들어선 사연을 고백한다.

"어느 날 저녁, 나는 집 앞의 층계에 앉아 장전되지 않은 엽총을 턱에 대고 '철컥철컥'하며 방아쇠를 당기고 있었다. 나는 베트남에서 죽은 병사들이 행운이라고 느꼈다. 그 상처를 안고 이 현실과 함께 살아야 하는 우리는 계속 대가를 치러야 했다. 살아 있지만 살아 있는 게 아니었다."

불교에 귀의한 그는 폴란드 아우슈비츠에서 베트남까지 걸어가는 순례여행을 한다. 그리고 그는 깨닫는다. 인간의 마음속에 싹튼 폭력의 씨앗이 얼마나 엄청난 불행을 불러오는지를….

"나는 전쟁에서 죽어간 모든 사람에게 큰 책임감을 느낀다.

그들은 죽음을 통해, 어떤 상황에서든 전쟁과 폭력은 해결책이 될 수 없다는 사실을 우리에게 일깨워주었다. 그럼에도 불구하고 지금 이 순간에도 누군가는 전쟁과 폭력에 희생당하고 있다. 이 거대한 악몽이 끝나지 않는 이유는, 바로 우리 마음속에서 폭력의 씨앗을 받아들였기 때문이다."

스스로 너무나 깊은 자책과 고통 속에서 헤매어본 그는 이렇게 외친다.

"세상은 우리에게 고통은 적이라고 가르친다. 우리는 불쾌하고 실망스럽고 힘든 것은 거부하라고 끊임없이 주입받는다. 하지만 고통은 우리의 적이 아니다. 건너편에 도달할 수 있는 것은 고통과 슬픔을 통해서다. 반대편의 만족과 기쁨과 행복을 진정으로 알고 느낄 수 있는 것도 고통과 슬픔을 통해서다."

○

고통은 우리의 적이 아니다.
건너편에 도달할 수 있는 것은
고통과 슬픔을 통해서다.
반대편의 만족과 기쁨과 행복을
진정으로 알고 느낄 수 있는 것도
고통과 슬픔을 통해서다.

성악설이
힘을 얻고 있는 이유는?

이런 일화가 있다. 공자의 직계 제자가 순자荀子에게 물었다.

"기우제를 지내면 비가 오는 이유가 무엇입니까?"

순자가 이렇게 되물었다.

"그렇다면 기우제를 지내지 않았는데도 비가 오는 이유는 무엇입니까?"

촌철살인의 우문현답이다. 순자는 유가儒家 철학의 이단아였다. 그는 중국 고대 어떤 사상가보다도 실증적이었으며 인간적이었다.

그는 공자나 맹자를 비롯한 다른 유가 사상가들과는 확연히 구별되는 지점에 있었다. 순자 이전 사상가들이 모든 것의 근원을 하늘에 뒀다면 순자는 인간을 중심에 뒀다. 순자는 당시 팽배했던 운명론을 거부하고 인간의 의지를 강조했다.

순자의 사상은 한나라 때 유향이라는 사람이 정리한 책 《순자》에 잘 정리돼 있다. 이 책은 정치제도와 법, 하늘과 인간 본성에 이르기까지 다양한 분야에 걸쳐 순자의 사상을 집약하고 있다. 순자를 유명하게 만든 건 역시 성악설이다. 맹자의 성선설에 반박해 내세운 성악설의 핵심을 정리하면 이렇다.

"사람의 본성은 나면서부터 이익을 좋아하는데, 이 때문에 싸움이 벌어지고 사양함이 없어진다. 사람은 나면서부터 질투하고 미워하는데, 이 때문에 남을 해치는 일이 생기고 충성과 믿음이 없어진다. 사람은 나면서부터 귀와 눈의 욕망이 있어 아름다운 소리와 빛깔을 좋아하는데, 이 때문에 지나친 혼란이 생기고 예의와 아름다운 형식이 사라진다."

맞는 말 아닌가. 그런데 당시에는 비판을 받아야 했다. 주류 사상가들은 인간의 '인성人性'을 하늘이 내린 신성불가침 같은 것이라 생각했다. 그들에게 성악설은 하늘의 뜻을 비하한 발칙한 사상이었다.

순자에게는 이기적으로 태어난 인간을 선하게 만드는 방법론이 있었다. 다름 아닌 '예禮'라는 개념이다.

"사람은 태어나서 무리를 짓지 않을 수 없고, 무리를 짓는 데 아래위가 없으면 싸우게 되고, 싸우게 되면 세상 어떤 사물에도 이기지 못한다. 그러므로 사람은 잠시라도 예를 버려서는 안 된다.”

왕도보다 인간의 예를 강조한 순자에게는 이단의 꼬리표가 붙었다. 순자의 생각을 확대해보면 왕도 결국 인간이고, 인간이기 때문에 예를 지켜야 하며 그래야 세상이 평화로워진다는 귀결에 도달하기 때문이다.

순자는 약육강식 싸움으로 어지러웠던 전국戰國 시대의 현실을 보면서 ‘예’ 철학을 완성했다. 인간은 원래 악한 존재이니 예를 통해 시대를 이겨내자고 외친 것이다. ‘예’는 공동체가 아귀다툼으로 가지 않게 하는 최소한의 기본 틀이다.

○

사람의 본성은 나면서부터 이익을 좋아하는데,
이 때문에 싸움이 벌어지고 사양함이 없어진다.
사람은 나면서부터 귀와 눈의 욕망이 있어
이 때문에 지나친 혼란이 생기고
예의와 아름다운 형식이 사라진다.
그러므로 사람은 잠시라도 예를 버려서는 안 된다.

당신이 꾸는 꿈이 곧 당신이다

현대문학사를 통틀어 3대 은둔 작가가 있다. 모두 베스트셀러를 낸 사람들이다. 《호밀밭의 파수꾼The Catcher in the Rye》을 쓴 J D 샐린저J D Salinger, 《좀머 씨 이야기Die Geschichte des Herrn Sommer》의 파트리크 쥐스킨트Patrick Süskind, 그리고 《브이V.》를 쓴 토머스 핀천Thomas Pynchon이다.

샐린저는 《호밀밭의 파수꾼》을 내고 사람들이 찾아오는 게 싫다며 뉴햄프셔의 시골로 들어가 외부와 연락을 끊고 살았다. 영화감독 엘리아 카잔이 영화를 만들겠다고 찾아갔을 때 "홀든(《호밀밭의 파수꾼》 주인공)이 싫어할 것"이라며 거절한 일화는 유명하다. 쥐스킨트는 사람들과 악수도 나누지 않고 남의 차에 절대 타지 않는 결벽증을 가진 은둔자다.

핀천은 이들보다 한술 더 뜬다. 대외 활동을 전혀 하지 않는

핀천은 프로필 사진 한 장 구하기가 힘들다. 유일한 사진이 학창 시절이나 해군 복무 시절 사진이다. 핀천은 신비스럽다. 그의 소설은 난해하면서도 치명적이다. 그의 은밀한 소설을 읽다 보면 심연으로 들어가는 환상적인 경험을 하게 된다. 소설 《제49호 품목의 경매The Crying of Lot 49》를 보면 스스로 환상에 대해 말하는 장면이 있다.

"그 환상을 소중히 간직해요. 달리 당신이 가진 게 없지 않소? 환상의 작은 촉수를 움켜잡아요. 프로이트의 추종자들이 당신을 꾀어 그것을 없애버리거나 약사들이 독약으로 그것을 제거하게 하지 말아요. 환상을 소중히 간직해요. 왜냐하면 그것을 잃어버릴 때 당신은 다른 사람에게 넘어가기 쉬우니까 말이오. 당신은 그 순간부터 아마 존재하지 않게 될 거요."

'그가 품고 있는 환상이 곧 그 사람'이라고 주장하는 작가 핀천은 해마다 노벨문학상 후보로 거론된다. 노벨위원회 성향을 봤을 때 후보 노릇만 할 가능성이 크지만 그의 작품은 한 시대를 대표하고도 남음이 있다.

핀천은 1937년 미국 롱아일랜드에서 태어났다. 고등학교를 수석 졸업하고 코넬대 물리학과에 입학한 그는 2학년 때 문학으로 전공을 바꿨다. 전 과목 최우수 성적으로 졸업한 그는 보잉에

취직했다가 2년 만에 그만둔다. 이후 일정한 거처 없이 떠돌다 1963년 첫 장편 《브이》를 발표하면서 문단을 발칵 놀라게 한다.

서구 문명의 몰락을 포스트모던 기법으로 그려낸 이 작품은 부박한 주인공들을 통해 제2차 세계대전 후 허무에 빠진 인류를 묘사한다. 소설은 타락한 예술가 집단이 넘쳐나는 뉴욕, 몰락한 문명의 상징 이집트의 선술집, 중세의 기운이 아직도 남아 있는 몰타 등을 넘나들며 현대 문명의 부조리함을 투시한다. 그의 문장은 신령스럽다. 무슨 묵시록이나 경전을 대면하는 느낌이다.

"내일 아침은 해가 안 나올 거예요. 나는 문을 닫아 걸 거예요. 죽은 세월이 못 들어오게요. 나는 길을 갈 거예요. 땅으로 물로 낡은 세계에서 새 세계로."

핀천의 문학은 암시적이다. 미로에 빠진 느낌을 견뎌내면 뭔가 명확한 것이 다가온다. 밤샘한 다음 맞이하는 새벽하늘처럼.

○

그 환상을 소중히 간직해요.
달리 당신이 가진 게 없지 않소?
환상의 작은 촉수를 움켜잡아요.
그것을 잃어버릴 때
당신은 다른 사람에게 넘어가기 쉬우니까 말이오.
당신은 그 순간부터 아마 존재하지 않게 될 거요.

예수도
비탄에 젖은 자였다

"세상에는 너무나 많은 사람들이 자신의 고통을 비밀로 간직한 채 보이지 않는 휠체어를 타고 힘겹게 살아간다."

여기서 말하는 '보이지 않는 휠체어'를 타는 사람들은 누구일까? 우울증 환자들이다.

미국의 작가이자 심리학자인 앤드루 솔로몬Andrew Solomon은 우울증 환자를 외견상 관찰이 불가능한 휠체어를 타고 살아가는 사람이라고 정의 내린다. 현대인들 상당수는 보이지 않는 휠체어를 타고 있다. 미국 통계에 따르면 젊은 층의 사망 원인 2위가 우울증이다.

솔로몬은 우울증이라는 병증을 가장 문학적으로 설명해주는 사람이다. 보통 우울증에 관한 책들은 임상을 바탕으로 한 의사들의 책이나 그것을 극복시켜준다는 자기계발서 같은 것들이 주를 이룬다. 하지만 이런 책들은 현대인들의 본질적 궁금증을 해결해줄 만한 개념을 제공하지 못한다. 이 때문에 우울증에 관한 솔로몬의 책은 눈에 확 들어온다. 그의 책 《한낮의 우울The Noonday Demon》이 스테디셀러인 이유다.

"삶은 슬픔을 내포한다. 우리는 결국 죽게 될 것이고, 각자 자율적인 육체의 고독 속에 갇혀 있으며, 시간은 흘러가고, 지나간 날들은 똑같이 되풀이되지 않는다. 내세는 완전히 다를 것이라는 약속을 믿는 사람들도 현세에서 고통받는 걸 피할 수는 없다. 예수 자신도 비탄에 젖은 자였다."

솔로몬의 우울증 스토리텔링은 탁월하다. 그는 "우울증은 균형감각을 빼앗고 망상에 빠지게 하고 거짓 무력감에 젖게 하지만 진실의 창이 되기도 한다"고 말한다.

솔로몬의 주장은 타당해 보인다. 우울증은 그 자체로 진실을 말해주는 역할을 한다. 상처와 상실을 바라보게 하고, 허위라는 외피를 걷어내고 자기 자신을 맞상대하게 만든다. 더 나아가 한 사회가 우울증이라는 비극을 통해 인간 내면을 깊이 이해하는 계기가 되기도 한다.

솔로몬은 뉴욕에서 태어나 예일대에서 영문학을 전공하고 영국 케임브리지대에서 애착이론으로 심리학 박사 학위를 받았다. 현재 뉴욕 컬럼비아대 임상심리학 교수인 솔로몬은 저술을 통해 우울증이라는 하나의 현상을 가장 폭넓게 정의하고 있다. 실제로 우울증 환자인 그는 우울증과 함께 살아가는 법을 알려준다.

"시간을 꽉 붙들어라. 삶을 피하려 하지 말라. 금세 폭발할 것 같은 순간들도 당신 삶의 일부이며 그 순간들은 다시 돌아오지 않는다."

사실 인간은 과거의 상실과 미래의 상실을 동시에 아파하는 존재다. 과거의 상실은 잊지 못해서 괴롭고, 다가올 미래의 상실은 불안이라는 이름으로 나를 괴롭힌다. 결국 상실에서 오는 고독은 인간의 존재론적 본질이다.

솔로몬은 쇼펜하우어의 말을 인용한다.

"배가 안정적으로 나아가려면 어느 정도 바닥 짐이 실려 있어야 하듯, 우리 삶에는 어느 정도의 근심이나 슬픔이나 결핍이 필요하다."

○

삶은 슬픔을 내포한다.
우리는 결국 죽게 될 것이고,
각자 자율적인 육체의 고독 속에 갇혀 있으며,
지나간 날들은 똑같이 되풀이되지 않는다.
내세는 완전히 다를 것이라는 약속을 믿는 사람들도
현세에서 고통받는 걸 피할 수는 없다.
예수 자신도 비탄에 젖은 자였다.

진리는 없다
인간은 오류를 범하는 존재다

확증편향이 넘쳐나는 시대다. 너무 쉽게 결론을 내린다. 사실 결론을 확고하게 내려버리면 그 결론이 틀리면 어떡하나 하는 불안이 싹트게 마련이다. 그러다 보니 맞는 결론으로 만들기 위해 자신의 지식과 정보를 마구 가져다 쓰기 시작한다. 한 사람의 지성이 자기 합리화 도구가 되는 순간이다. 급기야는 결론을 남에게 강요하기 시작한다. 목적지가 정해져 있으니 조급하다. 자기도 모르게 왜곡을 시작하고 억측이 난무한다.

지금 한국 사회가 앓고 있는 중병이다. 지령을 내리는 칩을 머리에 장착한 듯 확증편향 싸움으로 날이 새고 날이 진다.

이럴 바에는 회의懷疑주의가 차라리 나을지도 모른다는 생각이 든다. 우리는 회의주의를 판단으로부터 도망쳐버리는 것이라고 쉽게 생각하지만 회의주의의 본질은 그런 게 아니다.

회의주의라는 단어는 모든 것을 주의 깊게 관찰하는 사람을 뜻하는 그리스어 'skeptikos'에서 기원했다. 즉, 쉽게 결론을 내리지 않고 의심하고 따져보는 것이 회의주의의 본질이다.

회의주의에는 '인간은 오류를 범하는 존재'라는 전제가 깔린다. 맞는 전제다. '인간은 합리적 존재'라는 밑그림 위에 세워진 정치이론이나 이념들은 사실 거짓말이다. 인간은 생존 프로그램을 작동하는 감정의 동물이다. 따라서 늘 옳거나 정의롭지는 않다. 한계도 분명하다.

회의주의를 논할 때 떠오르는 인물이 고대 그리스 철학자 피론Pyrrhon이다. 타고 가던 배가 폭풍우를 만났을 때 우왕좌왕하는 사람들 사이에서 돼지가 평화롭게 밥을 먹는 것을 보고 "진정한 현자는 이 돼지처럼 언제나 흐트러짐 없는 자세를 유지해야 한다"고 말한 바로 그 피론이다.

피론은 젊은 시절 우연히 따라나선 동방 원정에서 인도의 현자들을 만나 충격을 받는다. 그는 인간의 무모한 분별이 평정심을 해친다는 사실을 깨닫고는 '판단중지epoche'를 외친다. 어떤 것도 절대적 진리일 수는 없다는 외침이었다.

판단중지를 외치면서 피론은 몇 가지 근거를 제시한다. 알기 쉽게 정리하면 이런 것들이다. 우선 모든 존재는 동일한 원인에 대해 각기 다른 감정을 느낀다. 그리고 사람에 따라 욕망하는 바가 다르며 지금 어떤 상태에 처해 있느냐에 따라 판단이 달라진다. 또 교육 방식, 믿음, 관습에 따라 다른 생각을 가진다. 그리고 세상 모든 것은 여러 가지가 혼합돼 있기 때문에 순수하게 규정하는 건 불가능하다. 양과 거리에 따라서도 나타나는 것이 다르다. 익숙함이나 비교 우열에 따라 달라지기도 한다.

피론의 혜안이 빛난다. 그렇다. 단세포식 섣부른 판단은 오류투성이다. 물론 인간은 오류를 통해 발전하기도 한다. 하지만 오류가 지적인 도약의 발판이 되려면 최소한 악마적인 확증편향에서는 벗어나야 한다. "너 자신을 알라"고 외친 소크라테스도, 방법적 회의를 주장한 데카르트도 회의주의자였다.

○

사람에 따라 욕망하는 바가 다르며
지금 어떤 상태에 처해 있느냐에 따라 판단은 달라진다.
또 교육 방식, 믿음, 관습에 따라
다른 생각을 가진다.
그리고 세상 모든 것은
여러 가지가 혼합돼 있기 때문에
순수하게 규정하는 건 불가능하다.

인생은 결국
혼자 치르는 전쟁이다

혹시 폐사지에 가본 적이 있는가. 한때는 융성했었으나 이제는 그 흔적만 남아 한때의 영광을 증거하고 있는 곳 말이다. 기둥만 남은 건물터, 덩그러니 남아 있는 부도탑, 쓰러져 있는 석상 등이 뭐라 설명하기 힘든 허무를 전해준다.

중국 북송을 대표하는 시인 소동파蘇東坡는 1037년 중국 쓰촨성 메이산에서 출생했다. 소식蘇軾이라고도 불리는 그는 22세 때 과거시험에서 진사에 급제했다. 첫 관직으로 궁정의 사무를 담당했는데 이때 급진적이던 왕안석王安石과 정치적 의견 차이로 대립하게 된다. 이후 실세였던 왕안석에게 밀려 한직을 떠돈다. 지방을 떠도는 삶이 고달프기는 했지만 문학적 재능이 꽃을 피우는 데는 오히려 도움이 되었다. 소동파는 65세로 장쑤성 창저우에서 사망할 때까지 인생의 절반 이상을 유배생활로 보낸다.

하루살이 목숨을 하늘과 땅에 맡기니

아득히 푸른 바다에 뜬 좁쌀 한 알 같구나

나의 생이 순간임을 슬퍼하고

장강長江의 무궁함을 부러워하노라

하늘을 나는 신선 만나 즐겁게 노닐고

밝은 달 안고서 오래 살다 가고 싶지만

얻을 수 없음을 아니

여운을 슬픈 바람에 실려 보내리.

〈적벽부赤壁賦〉는 황저우에서 유배 시절에 쓴 시로 가을에 지은 것을 〈전前적벽부〉, 겨울에 지은 것을 〈후後적벽부〉라 한다.

유배지를 떠돌던 소동파는 일찍이 명예와 부로 대변되는 현실의 허망함을 깨우쳤다. 폐허의 시학은 그렇게 탄생했다. 그가 노래한 폐허는 세상 만물의 본성이다. 어찌 영원한 것이 있을 수 있겠는가. 세상이 어차피 폐허를 향해 간다는 것을 너무나 일찍 알아버린 소동파. 그가 폐허를 일찍 알아버린 덕에 우리는 그의 '미학'을 즐길 수 있다.

인생은 본질적으로 쓸쓸하다. 내가 존재하는 한 나의 모든 아픔은 나 혼자 치러야 하는 전쟁이다. 생로병사 번뇌를 넘어서기 위해 출가한 석가모니가 위대한 이유다. 그는 고독이라는 자기의 우주 안에서 평안을 찾은 것이다.

생로병사와 고독은 인류에게 선물이기도 하다. 만약 인생이 환희와 기쁨으로 가득 차 있다면 어땠을까. 아마도 어떤 종교도, 어떤 철학도, 어떤 문학작품도 예술도 존재할 수 없었을 것이다. 오랜만에 소동파의 시들을 찾아 읽으며 존재의 고독을 받아들이기로 마음먹는다.

사실 가장 멋있는 사람은 '잘 혼자인 사람'이다. 집단 속에서 자신의 좌표를 찾는 사람들은 집단이 사라지면 좌표를 잃는다. 하지만 잘 혼자인 사람은 그렇지 않다. 자기가 곧 좌표다. 존재하는 일 그것은 쓸쓸함과 친해지는 일이다.

○

나의 생이 순간임을 슬퍼하고
장강의 무궁함을 부러워하노라
하늘을 나는 신선 만나 즐겁게 노닐고
밝은 달 안고서 오래 살다 가고 싶지만
얻을 수 없음을 아니
여운을 슬픈 바람에 실려 보내리.

그가 떠난 자리에는
그와 나눈 사랑의 경이로움이 남았다

"엄마는 덫에 걸렸다. 아버지와 결혼했고, 생활비를 받기 위해 아버지와 잠을 잤다… 아버지도 역시 덫에 걸렸다. 아버지는 밤마다 문지기 유니폼을 입고 집을 나섰다."

불행한 부부를 이렇게 단적으로 표현할 수 있을까. 욕설 한마디, 피 한 방울 흘리지 않고 가장 잔인하게 불행한 부부관계를 묘사한 문장이다.

아일랜드 출신 작가 윌리엄 트레버William Trevor는 단편의 지존이다. 그가 덤덤하게 그려내는 인물 군상들은 한 명 한 명 소설 속에서 극적인 주인공으로 살아 움직인다. 그런데 그 과정이 너무나 담담하다.

"내 소설은 인간 삶의 여러 면을 비춘다. 그러나 특별히 의식해서 그렇게 쓰진 않는다. 나는 그저 이야기꾼이다."

트레버는 뛰어난 이야기꾼이다. 안톤 체호프와 제임스 조이스를 계승한 단편의 달인이라는 평가를 받는다. 그는 한국보다는 영어권에서 널리 알려져 있다. 상복은 없었다. 살아생전 맨부커상과 노벨문학상의 단골 후보였을 뿐이다. 그는 소설가들의 소설가였다. "트레버만한 작품을 쓸 수만 있다면 더 이상 소원이 없겠다"고 말하는 작가들이 적지 않았다.

그의 소설에는 한결같이 죄책감에 사로잡힌 사람들, 외로움과 슬픔에 젖어 사는 사람들, 정상에서 벗어난 사람들, 무시당하거나 오해받는 사람들이 등장한다. 트레버의 순탄치 않은 개인사가 그에게 사람 보는 돋보기를 쥐어줬을지도 모른다.

트레버는 1928년 아일랜드에서 태어났다. 그의 집은 가톨릭이 다수인 아일랜드에서 개신교를 믿었다. 그는 어린 시절 내내 배척당한다는 것이 어떤 것인지 몸으로 느끼며 살았다. 생활고도 한몫했다. 안정되지 못한 아버지의 직업 때문에 소년 시절 학교를 13군데나 옮겨 다녀야 했고, 경제난 때문에 결국 고국을 떠나 영국에서 이민자로 살아야 했다. 트리니티칼리지에서 역사를 공부한 그는 역사교사로 근무하면서 틈틈이 조각가로 활동했다. 그러다가 서른여섯 살이 되던 1964년 《동창생들The Old Boys》을 발표하면서 전업작가의 길에 들어선다.

트레버는 단편에 대한 확고한 철학을 지니고 살았다. 그는 단편을 "누군가의 삶 혹은 인간관계를 슬쩍 들여다보는 눈길"이라고 정의한다. 그러면서 "단편의 매력은 쓰는 동안 인간관계의 길을 잃지 않는 것"이라고 말한다. 좀 풀어서 말하면 단편은 인간과 인간관계의 단면을 촌철살인으로 보여주는 가장 적합한 장르라는 뜻이다.

그는 인간의 욕망과 연약함을 그리지만 감정 과잉이나 치우침이 없다. 그는 등장인물과 객관적인 거리를 두고 최소한의 단어를 사용해 그들을 그린다.

"떠난 자리에는 마리와 나눈 사랑의 경이로움이 남았다… 누군가의 멸시도… 방 두 개짜리 더러운 아파트도 마리와의 사랑이 선물한 경이로움을 퇴색시키지는 못했다."

트레버도 장편을 쓴 적이 있었다. 하지만 "나는 어쩌다 가끔 장편을 쓴 단편작가"라며 단편작가임을 자랑스러워했다.

○

떠난 자리에는
마리와 나눈 사랑의 경이로움이 남았다.
누군가의 멸시도 방 두 개짜리 더러운 아파트도
마리와의 사랑이 선물한 경이로움을
퇴색시키지는 못했다.

뭐든 할 수 있다고 믿을수록 무력해진다

한때 HP를 이끌었던 여성 기업인 칼리 피오리나Carly Fiorina는 한 해가 지나갈 때마다 희곡 《안티고네Antigone》를 다시 꺼내읽으며 반성을 했다고 한다.

'내가 과연 리더십의 함정에 빠지지 않았는가, 권력이 가져다준 딜레마를 잘 극복했는가?'

이런 물음에 대한 정답지를 피오리나는 《안티고네》에서 찾았던 것이다. 소포클레스의 희곡 《안티고네》는 힘과 도덕의 긴장상태를, 그 최전선의 딜레마를 상징적으로 보여준다. 너무나 유명한 이야기지만 줄거리를 잠시 떠올려보자.

주인공은 오이디푸스의 딸이자 테베의 공주인 안티고네다. 테베의 새 통치자가 된 숙부 크레온은 권력 다툼을 벌이다 죽은 안티고네의 오빠 폴리네이케스의 장례를 금지시킨다. 외세의 힘을 끌어들였다는 이유로 그를 배신자로 낙인찍고 시신을 매장조차 못하게 한다. 크레온의 판결이 천륜에 어긋난다고 생각한 안티고네는 오빠의 시신을 거두어 장례를 치르고자 한다. 그러자 크레온은 안티고네를 붙잡아 동굴에 가두고 굶겨 죽이는 형벌을 내린다.

스토리는 간단하지만 그 과정에서 벌어지는 숙부 크레온과 조카 안티고네의 논쟁, 주변 인물들의 입장과 의견 등은 '권력'의 속성을 다시 한번 생각하게 해주는 좋은 리트머스 시험지 역할을 한다. 크레온은 점점 고집스러워진다. 도시의 장로들도, 예언자 테이레시아스도 안티고네에 대한 판결 번복을 요구했지만 크레온은 자신의 판단이 옳았다며 고집을 꺾지 않는다. 크레온의 아들인 하이몬마저 테베의 시민들은 안티고네 편이라며 설득에 나섰다. 하이몬은 이런 말로 아버지를 설득한다.

"겨울철 급류 옆에서 굽힐 줄 아는 나무들은 그 가지들을 온전히 보존하지만, 반항하는 나무들은 뿌리째 넘어지고 말지요. 마찬가지로 돛줄을 당기기만 하고 늦춰주지 않는 사람은 배와 함께 넘어지게 되지요."

하지만 크레온은 요지부동이다. 크레온에게는 권력의 존재가치에 대한 성찰이 없었다. 다음 대사를 보자.

처형을 눈앞에 둔 안티고네가 묻는다.

"저를 잡아서 처형하는 것 외에 원하는 것이 있습니까?"

크레온이 대답한다.

"아무것도 없다."

이쯤 되면 광기다. 처형 자체가 목적이 됐으니 말이다.

한 편의 희곡을 통해 막 싹트기 시작한 그리스 민주주의에 묵직한 질문을 던진 소포클레스는 정치가이기도 했다. 그는 델로스 동맹 재무장관, 아테네 국가 최고위원 등을 지냈다. 그래서일까. 그의 희곡에는 권력, 정치, 도덕, 정의, 진실 등 사회성이 밑바탕에 깔려 있는 경우가 많다. 《아이아스Aias》, 《오이디푸스 왕Oedipus the King》, 《엘렉트라Electra》, 《트라키스의 여인들The Trachiniae》 등이 대표적이다. 흥미로운 것은 소포클레스가 했던 2500년 전의 고민이 지금도 구태의연하지 않다는 것이다.

"내가 도대체 무슨 법을 어겼다는 거죠? 경건한 행동을 했다는 이유로 불경한 자가 된다는 것이 말이 되나요. 이것이 신의 뜻이라면 나는 고통을 당할게요… 불쌍한 크레온. 무엇이든 할 수 있다고 믿고 사는 당신은 오히려 무력한 사람이에요."

○

급류 옆에서
굽힐 줄 아는 나무들은
그 가지들을 온전히 보존하지만,
반항하는 나무들은
뿌리째 넘어지고 말지요.

2장

삶의 평온함을 유지하는 법

그녀는 자연이 그렇게 하듯 포식자를 제거했다

"엄마로부터 버림받은 고통은 '검고 고운 진흙 덩어리'처럼 묵직한 슬픔이 얹히는 것이다. 숲과 어울리지 않았던 엄마의 가방은 결국 떠나버렸고, 카야만 덩그러니 언니 오빠들과 남게 된다. 그마저도 하나둘씩 떠나면서 그녀는 외로움과 고독에 익숙해진다."

엄마를 잃은 슬픔을 '검고 고운 진흙 덩어리'에 묻히는 것이라는 표현을 누가 쓸 수 있을까. 아마 '늪'을 잘 아는 사람만이 쓸 수 있는 명문장일 것이다. 델리아 오언스Delia Owens의 소설은 '생태소설'이다. 그녀의 소설 속에서는 인간이나 동물이나 식물이나, 혹은 밀물과 썰물까지 동일체처럼 유기적으로 움직인다. 그녀의 소설 《가재가 노래하는 곳Where the Crawdads Sing》은 세상에 없던 유형의 미학을 지닌 소설이다. 늪지에 버려진 소녀 카야는 자연 속에서 자연 자체로 살아간다. 사람들의 멸시 속에서 그녀를 품어주는 존재는 '늪'뿐이다. 늪은 그녀의 어머니였다. 다음 문장을 보자.

"카야가 비틀대면 언제나 습지가 붙잡아주었다. 콕 집어 말할 수 없는 순간이 오면 아픔은 모래에 스며드는 바닷물처럼 스르르 스며들었다. 아예 사라진 것은 아니지만 더 깊은 데로 파고들었다. 카야는 숨을 쉬는 촉촉한 흙에 가만히 손을 대었다. 그러자 습지는 카야의 어머니가 되었다."

그래도 그녀에게 손을 내밀어주는 사람들도 있었다. 동네 잡화점을 하는 흑인 부부, 그녀에게 글을 가르쳐주고 사랑에 눈을 뜨게 한 테이트가 그들이다. 하지만 학업을 위해 테이트가 마을을 떠나면서 카야는 큰 상처를 입는다. 그때 체이스라는 건달이 나타나 그녀를 위로하지만 그는 오로지 카야를 유희 대상으로 본다. 체이스는 포식자처럼 그녀를 유린하고 씻을 수 없는 상처를 준다.

그러던 어느 날 체이스가 죽은 채 발견된다. 카야가 살인범으로 몰리고 재판이 시작된다. 다행히 카야는 변호사 톰의 도움으로 무죄 평결을 받는다. 하지만 반전이 있다. 사람들은 몰랐지만 카야는 진범이었다. 그녀는 자연계의 한 생물체가 살기 위해 다른 생명체를 죽이듯 그를 살해했던 것이다. 사실이 밝혀졌는데도 이상하게 카야는 살인자 같지 않다. 그냥 살기 위해 할 일을 한 자연스러운 생명체 같다. 이것이 이 소설이 달성한 경지다. 작가 델리아 오언스는 평생 야생동물을 연구한 학자였다. '가재가 노래하는 곳'인 아프리카 오지 등에서 수십 년 동안 자연과 함께 살았던 오언스가 일흔이 가까운 나이에 펴낸 첫 소설이다.

소설은 어마어마한 파장을 불러일으켰다. 할리우드 스타 리스 위더스푼이 추천작으로 소개하면서 입소문이 나 뉴욕타임스와 아마존 베스트셀러 1위를 차지했다. 올리비아 뉴먼 감독의 영화로도 만들어졌다. 이 소설은 자연과 합체가 돼본 오언스만이 쓸 수 있는 소설이었다.

무죄 평결을 받은 카야는 돌아오자마자 갈매기들에게 달려간다. 그녀가 원한 것은 하나였다. 자연 속에서 자연의 일부로 사는 것.

○

카야가 비틀대면 언제나 습지가 붙잡아주었다.
콕 집어 말할 수 없는 순간이 오면
아픔은 모래에 스며드는 바닷물처럼
스르르 스며들었다.
카야는 숨을 쉬는 촉촉한 흙에
가만히 손을 대었다.
그러자 습지는 카야의 어머니가 되었다.

인간의 뇌는 음모를 만들어야 직성이 풀리는 장치다

인간은 참 속기 쉬운 동물이다. 인간이 잘못된 믿음이나 통념에 빠지는 중요한 원인은 뇌의 오류다. 인간의 부정확한 뇌는 '신념과 기대'라는 묘한 심리 상태를 만들어낸다. 사람의 뇌는 자신의 신념이나 기대와 합치되는 정보가 나타나면 그것을 확대 해석하는 못된 속성을 발휘한다.

요즘 인간의 부정확한 뇌를 이용해 돈을 버는 유명인이나 미디어가 생겨났다. 이 악마들은 특정 정파를 지지하거나 저주하는 자극적인 소식을 전하면서 돈을 번다. 그들이 전한 정보가 명백한 거짓으로 드러나도 이들의 인기와 수입은 떨어지지 않는다. 오히려 이들을 추종하는 세력이 더 늘어난다. 왜 그럴까. 인간의 뇌는 결코 합리적이거나 이성적이지 않기 때문이다. 인간의 뇌는 욕망과 이익만이 최대 목적인 생존 장치다. 그러니 당연히 이런 뇌에 진실 같은 건 중요하지 않다.

예를 들어 특정 종교를 믿는 광신자가 10년 동안 매일 병이 낫게 해달라고 기도했다고 치자. 그러던 어느 날 정말로 병이 치유됐다. 그 광신자에게 이것은 신이 존재한다는 명백한 증거가 된다.

병을 치유하기 위해 했던 수많은 진찰과 치료, 투약과 수술 같은 건 그에게 의미 없다. 기도에 응답하지 않았던 10년의 세월도 의미가 없다. 오로지 신이 내 병을 낫게 해준 것이다.

뇌의 기억술에도 치명적인 문제가 있다. 사람의 기억은 종합적이지 않다. 따라서 단면적 사건만 기억하는 오류를 범한다. 예를 들어 '내가 샤워만 하러 들어가면 전화가 온다'는 사람이 많다. 이것은 샤워할 때 온 전화가 유독 기억이 잘 되는 것이지, 실제로 샤워할 때 전화가 많이 온 것은 아니다.

샤워 중 전화벨이 울리면 일단 받아야 할지 말아야 할지 갈등하게 되고, 비눗물을 제대로 닦지 못한 채 움직여야 해 불편하며, 몸이 오싹해지는 한기를 느껴야 한다. 이러니 강하게 기억되는 게 당연하다. 하지만 평범한 상태에서 온 전화는 기억되지 않는다. 사건이 아니었기 때문이다.

세차만 하면 비가 온다든지, 어떤 물건을 창고 깊숙이 넣어두면 꼭 급하게 쓸 일이 생긴다든지 하는 일은 모두 기억술의 오류 때문에 생기는 착각이다.

토머스 길로비치Thomas Gilovich 미국 코넬대 심리학 교수는 인간의 잘못된 믿음이 어떻게 생성되고 각인되는지를 인지심리학과 사회심리학을 동원해 분석한 학자다. 그에 따르면 인간의 뇌는 거짓을 지어내는 장치다. 인간의 의식은 진공 상태, 즉 무의미를 못 견딘다. 뇌는 지각되는 것에서 의미를 찾아야 직성이 풀린다. 그래서 달에서 방아 찧는 토끼를 만들고, 옆 마을에 마녀도 만들어낸다.

이 첨단 문명 시대에도 음모론은 언제나 큰 위력을 발휘한다. 사실 이 문제는 해결되기 힘들다. 뇌는 그대로이고 초연결사회가 도래했기 때문이다. 그냥 점점 지옥이 되는 세상을 견디는 수밖에 없다.

○

광신자가 10년 동안 매일 병이 낫게 해달라고 기도했다.
그러던 어느 날 정말로 병이 치유됐다.
광신자에게 이것은 신이 존재한다는 명백한 증거가 된다.
수많은 진찰과 치료, 투약과 수술 같은 건 그에게 의미 없다.
기도에 응답하지 않았던 세월도 의미가 없다.
오로지 신이 내 병을 낫게 해준 것이다.

섹스는 건강과 자손을 위해서만 사용하라

미국 사람들이 조지 워싱턴이나 링컨보다도 더 존경한다는 벤저민 프랭클린Benjamin Franklin. 알려진 대로 그는 미국 독립의 주역으로 헌법 기초를 마련한 인물이다. 동시에 그는 미국식 민주주의 초석을 다진 정치가이자 뛰어난 문학작품을 남긴 작가였고, 피뢰침과 가로등을 발명한 과학자였으며, 미국 최초의 공식적인 외교관이었고 보다 나은 사회를 위해 애쓴 사회운동가였으며 교육자이자 언론인, 체육인이기도 했다. 그는 독립선언서, 프랑스와의 동맹조약, 영국과의 평화협정서, 헌법 초안 등 미국을 탄생시킨 네 개 문서에 모두 서명을 한 유일한 인물이기도 하다.

이처럼 위대한 프랭클린의 묘비명에는 뭐라고 쓰여 있을까? 뜻밖에도 그의 묘비에는 '인쇄업자 프랭클린B. Franklin, Printer'이라고만 쓰여 있다. 그가 그렇게 써달라는 유언을 남겼기 때문이다.

미국인들이 프랭클린을 마음 깊이 존경하는 이유가 여기에 있다. 그는 늘 겸손했고, 평생 검박의 미덕을 실천한 사람이었다. 그는 귀족도 엘리트도 아니었다. 보스턴에서 태어난 프랭클린은 아버지의 양초공장에서 일하다 17세에 고향을 떠나 필라델피아로 건너가 자수성가한다. 그는 보통 사람도 영웅이 될 수 있다는 걸 처음으로 증명한 사람이다.

18세기 귀족 엘리트들이 고리타분한 영국이나 프랑스식 생활에 젖어 있을 때 프랭클린은 공장에서 땀을 흘렸고, 수레에 물건을 싣고 거리를 누볐다. 그렇게 열심히 살면서도 그의 궁극적인 삶의 목표는 부의 축적이 아니라 가치 있는 삶이었다. 그는 사업가로 성공했을 무렵 어머니에게 보낸 편지에 이렇게 적는다.

"저는 부자로 살다가 죽었다는 말보다 유익한 삶을 살다 갔다는 말을 듣고 싶습니다."

프랭클린은 새로운 국가는 '일하는 중간 사람들'이 주도해야 한다고 생각했다. 그의 생각은 훗날 미국 실용주의의 기초가 됐다. 프랭클린이라는 존재 자체가 중간 계급의 미덕과 가치를 중시하는 미국 국가 정체성의 '롤모델'이었다.

프랭클린은 스스로 성공의 공식이 됐고, 그 성공이 가져다준 권력과 부를 뛰어넘은 위대한 현자였다. 그가 스스로 정한 삶의 원칙 몇 가지는 지금도 미국인들 책상머리에 붙어 있다. 이런 것들이다.

'몸이 무겁고 나른할 때까지 먹지 말고, 취할 때까지 마시지 않는다', '남과 나에게 이롭지 않은 말은 하지 않는다', '미래를 위해 좋은 일을 하는 것 이외에는 돈을 쓰지 않는다', '해로운 책략은 꾸미지 않고, 결백하고 공평한 사고방식을 갖는다', '극단적인 행위는 피한다. 상대가 부당하다고 해서 그만큼 해를 입히지 않는다', '우연히 벌어진 일이나 불가피한 일에 화를 내지 않는다', '성性은 건강과 자손을 위해서만 사용한다', '물건은 제자리에 놓고, 일은 알맞은 순서에 따라 한다.'

○

나른할 때까지 먹지 말고,
남과 나에게 이롭지 않은 말은 하지 않는다.
해로운 책략은 꾸미지 않고 극단적인 행위는 피한다.
우연히 벌어진 일이나 불가피한 일에 화를 내지 않는다.
물건은 제자리에 놓고, 일은 알맞은 순서에 따라 한다.

변하지 않는 건 아무것도 없습니다
심지어 주님도요

영화 〈두 교황The Two Popes〉의 백미는 교황 베네딕토Pope Benedict XVI와 추기경 베르골리오Cardinal Bergoglio(현 교황 프란치스코Pope Francesco) 간 설전이다.

두 성직자는 모두 존경할 만한 인물이다. 보수의 상징인 베네딕토는 교회의 세속화에 반대한 뛰어난 교리신학자였고, 프란치스코는 인간 중심의 교회를 외친 실천적 성직자였다. 두 사람은 서로 다른 가치관과 방향성을 가지고 있었지만 서로를 존중한다. 둘의 공통점은 분명하다. 둘 다 인간적이었으며 열려 있는 사람이었다. 다음 장면을 보자. 먼저 베네딕토가 말했다.

"변화는 타협입니다."

이에 베르골리오가 답했다.

"주님께서 주신 삶은 변화하는 것입니다. 자연에서 정적인 건 아무것도 없습니다. 우주까지도요. 심지어 주님도 마찬가지예요."

"주님은 변하지 않아요."

"주님은 변합니다."

"주님이 항상 움직인다면 어디에서 찾아야 하나요."

"이동하면서요."

이렇게 사사건건 맞서는 베르골리오에게 베네딕토는 교황을 맡아 달라고 제안한다. 당신 같은 사람이 와야 교회가 반성하고 거듭날 수 있다는 게 이유였다. 진정한 거인의 풍모다.

베르골리오가 과거의 실수들을 고백하면서 자격이 없다고 자책하자 베네딕토는 이렇게 말한다.

"당신은 신이 아니에요. 신과 함께 우리는 움직이고 살고 존재할 뿐입니다. 신과 함께 살지만 신은 아니에요. 우리는 인간일 뿐입니다."

2023년에 출간된 교황 프란치스코의 대화록 《가난한 자의 교황, 세상을 향한 교황》을 읽다가 영화 〈두 교황〉 생각이 났다. 이 책은 교황이 평범한 사람들과 나눈 대화를 수록하고 있다. 프란치스코다운 면모가 곳곳에 담겨 있다.

월급이 얼마냐는 신자의 짓궂은 질문에 교황은 답한다.

"월급이 없어요. 하지만 여기서 먹을 것을 줍니다. 신발이 필요하면 신발을 사줍니다. 저는 이런 식으로 보호받고 있습니다. 저는 버는 돈이 없으니 가난합니다. 하지만 저의 가난은 허구입니다. 부족한 게 전혀 없으니까요."

자신의 가난은 허구일 뿐이라고 자책하는 모습에서 그가 왜 '가난한 자의 교황'이라 불리는지 이해하게 된다.

단점이 무엇이냐고 묻는 질문에는 이렇게 답한다.

"화를 쉽게 냅니다. 참을성이 없어요. 너무 빨리 반응을 해요. 다른 사람보다 우월하다는 생각에 빠져 인내심을 가지고 기다리지 못한 적이 종종 있어요. 모두 자만심과 연결된 것들이에요. 자만심은 매우 씁쓸하고 추악한 뿌리를 가지고 있어요. 항상 조심하려고 해요."

1958년 즉위한 교황 요한 23세 이후 지금까지 가톨릭이 벅찬 교황복福을 누리고 있다는 생각이 들었다.

○

교황은 월급이 없지만 교황청에서 먹을 것을 줍니다.
신발이 필요하면 신발을 줍니다.
저는 이런 식으로 보호받고 있습니다.
저는 버는 돈이 없으니 가난하지만 저의 가난은 허구입니다.
부족한 게 없으니까요.

우주는 우리를 기쁘게 하지도, 해치지도 않는다

진화생물학자 리처드 도킨스Richard Dawkins가 초등학생 시절 있었던 일이다. 하루는 선생님이 사람들은 왜 병에 걸리는지를 물었다. 아이들의 대답은 놀랄 만큼 비과학적이었다. 어떤 아이는 죄를 많이 지어서라고 답했고, 신이나 조상을 화나게 해서라고 답하는 아이도 있었다.

이 일을 회상하면서 도킨스는 초자연적인 원인을 떠올리는 것부터가 비과학이라고 말한다. 왜냐하면 우주에는 마음이 없기 때문이다. 물론 감정도 인격도 없다. 그러므로 우주는 누구를 해치거나 기쁘게 하려고 도모하지 않는다. 단지 어떤 '일'이 그냥 벌어지고 있는 것이다.

도킨스는 "어떤 신화도 중력이나 내연기관, 세균과 핵융합, 전기와 마취제에 대해 말해주지 않는다"고 일갈한다. 이것을 찾아내고 증명한 인간의 '현실'이 아무 말도 하지 않은 '신화'보다 더 마법이고 감동적이라는 게 그의 시각이다. 그러면서 신을 탓하거나 조상을 탓할 시간에 과학을 발전시켜야 한다고 말한다.

"우리는 멈추지 말고 계속 과학을 개량해 끝내 적절한 설명을 제공해야 한다. 초자연적 현상이라거나 기적이라고 말하는 것보다는 '연구하고 있는 중'이라고 말하는 것이 유일하고 정직한 답이다."

원래 초자연적인 마법은 과학적 기법이 발달하기 전 세상을 설명하는 방법으로 만들어진 황당한 이야기들이었다.

고대 이집트 사람들은 누트 여신이 태양을 삼키면 밤이 온다고 생각했다. 바이킹들은 무지개를 신들이 땅에 내려올 때 쓰는 다리라고 믿고 있었다. 또 일본 사람들은 세상이 거대한 메기의 등에 얹혀 있다고 생각했다. 이 때문에 메기가 몸을 뒤틀 때마다 지진이 일어난다고 주장했다.

그러나 이제 우리는 그것이 모두 허무맹랑한 이야기라는 걸 안다. 그 대신 우리는 '현실'이라는 마법을 만났다. 수많은 생명체가 엄청나게 복잡한 배경 속에서 아름답게 진화해왔고, 하늘에 있는 무수한 행성들은 모두 각자의 광채를 가진 채 지구와 거리를 두고 움직이고 있고, 어마어마한 산과 극지방, 바다에서 매일

매일 벌어지는 거대한 현실의 마법을 알게 된 것이다.

도킨스는 이렇게 말한다.

"소름이 돋게 하고, 내가 정말로 살아 있다는 걸 느끼게 만드는 현실세계가 바로 마법이라는 걸 나는 여러분에게 보여주고 싶다."

그의 말은 타당하다. 조상들은 아무 설명도 해주지 않았지만 과학은 무지개 하나에서도 많은 원리를 찾아내 우리에게 이야기해주고 있으니 말이다. 도킨스는 말한다.

"무지개에 대한 탐구는 별의 위치와 구성 성분을 알아내는 데까지 이르렀다. 빛의 스펙트럼을 분석해 우주의 팽창 속도를 측정할 수 있었고 우주의 시작을 알게 됐다. 무지개는 그저 아름답기만 한 것이 아니었다. 무지개는 우리에게 시간과 공간을 포함한 만물의 시작을 알려주고 있는 셈이다. 현실과학이 찾아낸 일이다. 마법이지 않은가?"

○

수많은 생명체가 아름답게 살고 있고
무수한 행성들은
각자의 광채를 가진 채 빛나고 있다.
어마어마한 산과 극지방,
바다에서 매일매일 벌어지는 거대한 현실이
곧 마법임을 우리는 알게 됐다.

조심하라 당신이 내는 화가 적들에게 기쁨이 되지 않도록

"화를 내는 건 불공정하다. 화는 어느 때는 필요 이상으로 내달리고, 어느 때는 가야 할 곳보다 미리 멈춘다. 그것은 충동에 쉽게 휘둘리며 변덕스럽고 증거 따위에 귀를 기울이려 하지 않는다. 그것은 변호의 여지도 주지 않고 자신만의 입장을 고집한다. 문제의 본질과 상관없는 하찮은 것에도 쉽게 흔들리며, 자신의 판단이 틀려도 권력을 놓지 않으려고 한다."

지금으로부터 2000년 전 로마. 화를 잘 내는 다혈질이었던 노바투스는 철학자인 형에게 "화를 가라앉히는 방법을 알려달라"는 편지를 보낸다. 이날 이후부터 형제는 편지를 통해 '화'에 관한 대화를 이어나간다. 화를 놓고 벌어진 형제의 반론과 재반론은 훗날 한 권의 유명한 책이 된다. 대화를 주도한 형의 이름은 루키우스 안나이우스 세네카Lucius Annaeus Seneca. 스토아학파를 대표하는 사상가이자 정치가였다. 네로 황제의 스승이었으나 폭군으로 돌변한 네로에게 죽음을 당한 바로 그 인물이다.

그가 동생과 주고받은 편지는 '화 다스리기', '화에 대하여' 등의 제목으로 출간되어 꾸준히 팔려나가는 스테디셀러다. 세네카가 화에 대해 그렇게 깊이 있는 저술을 남긴 이유는 뭘까. 우리는 그가 대표적 스토아학파 사상가였다는 사실과 그가 살았던 생을 주목해서 볼 필요가 있다.

스토아학파를 흔히 금욕주의라고 부른다. 에피쿠로스학파를 쾌락주의라고 부르는 것과 대척점에 있는 개념이다. 스토아학파는 이 우주가 이성으로 이루어져 있다고 믿었다. 따라서 쾌락이 아닌 이성에 의해 사는 것이 가장 행복한 삶이라고 주장했다. 그들은 욕망이 아닌 인간들이 공평하게 지니고 있는 이성이 세상을 지배해야 한다는 이론을 폈다. 그들의 주장은 자유 평등 생명 등 인간의 기본권을 중시하는 자연법의 기초가 됐다.

이런 스토아학파 사상가의 눈에 화를 낸다는 것은 '고통을 고통으로 갚는 저열한 욕망'에 불과한 것이었다. 세네카가 살았던 삶도 그로 하여금 화를 경멸하게끔 만들었다. 스페인에서 태어나 로마에서 활동한 세네카는 특유의 학식으로 한 시대를 풍미하는 지식인이 되었지만 태평성대를 살지는 못했다. 그의 삶은 늘 '화'

로 가득한 황제들에 의해 부침을 겪었다.

젊은 시절 칼리굴라 황제에게 미움을 받아 죽을 고비를 넘기고, 급기야 클라우디우스 황제 때는 코르시카로 귀양을 떠난다. 긴 유배생활을 하던 그를 다시 로마로 부른 것은 공교롭게도 네로 황제였다. 세네카는 나이 어린 네로의 스승으로 국정을 돌본다. 시작은 좋았다. 초기 5년 네로는 선정을 베푼다. 하지만 서기 59년 네로는 어머니 아그리피나를 살해하면서 폭군으로 돌변한다.

더 이상 네로를 제어할 수 없었던 세네카는 만류에도 불구하고 은퇴를 선언한다. 그의 행동에 불만을 품은 네로는 결국 세네카에게 반역 혐의를 뒤집어씌워 그의 목숨을 빼앗는다. 세네카는 평생을 폭발적으로 화를 내는 폭군들을 보면서 살아야 했다. 스토아학파인 그에게는 너무나 힘겨운 일이었다. 그래서 그는 화를 내는 어리석음을 꾸짖는 아포리즘을 많이 남겼다.

“인간은 용서받을 자격이 있다. 인간이 저지르는 실수에 대해서 화를 내면 안 된다. 어둠이 깊어 한 걸음 떼어놓기도 어려운 사람에게 화를 낸다면 어떻겠는가. 모든 불리한 조건은 용서되어야 한다.”

사실 우리가 살아가는 세상은 ‘화’를 먹고 자라난다. 우리는 늘 화를 내거나 화를 당한다. 그래서 불행하다.

○

인간은 용서받을 자격이 있다.
인간이 저지르는 실수에 대해서
화를 내면 안 된다.
모든 불리한 조건은 용서되어야 한다.

내성적인 사람이
세상을 바꾼다

변호사 자격을 취득한 마하트마 간디Mahatma Gandhi가 남아프리카공화국에서 변호사 개업을 준비할 때 일이다. 백인 우월주의자들이 지배하고 있던 남아공 변호사협회는 온갖 구실을 만들어 간디의 개업을 방해했다. 이런저런 난관을 겨우 돌파하고 그가 법정에서 선서를 하는 날, 마지막 고난이 그를 기다리고 있었다. 법원이 그에게 터번을 벗을 것을 명령했던 것이다. 힌두교도에게 터번은 곧 자존심이라는 걸 알고 일부러 파놓은 함정이었다.

긴장된 시간이 흐르고 간디는 터번을 벗었다. 간디는 변호사 개업을 할 수 있었지만 이 때문에 두고두고 반대파에게 소신과 조국을 버린 사람이라는 비난을 들어야 했다.

간디는 왜 터번을 벗는 것을 선택했을까? 미국의 유명 변호사이자 작가인 수전 케인Susan Cain은 그 원인을 성격에서 찾는다. 간디는 내성적인 사람이었다. 그는 천성적으로 소심하고 겁이 많았다. 그 대신 매사에 신중했고 자제력이 강했다.

만약 간디가 외향적인 성격이어서 터번 벗기를 거부하고 법정을 박차고 나왔다면 그가 훗날 인도 독립의 아버지가 될 수 있었을까. 한 번쯤 생각해볼 문제다.

산업혁명 이후 도시화나 대규모 이민을 겪으면서 내성적인 사람보다는 외향적인 사람이 주목을 받게 됐다. 낯선 곳에서 잘 적응하고, 새로운 사람들과 쉽게 어울리는 성격이 대접받는 시대가 시작됐던 것이다. 협상에서 즉각적인 효과를 얻어내고, 처음 만난 사람에게 물건을 팔아 오는 성격이 주목받는 시대가 되면서 내성적인 성격은 폄하되기 시작했다.

내성적인 성격을 고쳐야 할 단점으로 인식하기도 했다. 내성적인 학생은 문제아로 취급받았고, 성격을 바꾸는 훈련을 받기도 했다.

하지만 케인은 "내성적인 사람이 세상을 이끈다"고 말한다. 심리학이나 뇌과학이 발전하면서 내성적인 성격이 오히려 더 많은 장점을 지니고 있다는 주장이 속속 등장했다.

유명한 발달심리학자 제롬 케이건Jerome Kagan은 감각 정보를 뇌에 전달하는 편도체가 예민한 아기들이 내성적인 성격으로 성장한다는 사실을 알아냈다. 외부 환경에 예민한 아이들은 집중력과 통찰, 몰입에 있어 외향적인 아이들보다 우수했다. 외향적인 아이들이 보상에 민감한 반면 내성적인 아이들은 내적인 충만감을 더욱 중시하는 것으로 나타났다.

애플 공동창업자로 개인용 컴퓨터 시대를 연 스티브 워즈니악Steve Wozniak은 매우 내성적인 성격이었다. 그는 이렇게 말했다.

"제가 만나본 실리콘밸리 발명가는 모두 나처럼 수줍음을 많이 타고 생각이 많은 예술가 같은 사람들이었어요. 이들은 혼자 있을 때 위원회나 팀보다 일을 더 잘했죠."

실제로 실리콘밸리 최고경영자CEO들의 성격을 분석한 결과 조용하고, 말수가 적고 수줍음을 타며, 자기 과시를 잘 안 하는 경우가 압도적으로 많았다.

예민하고 고독할 줄 알며, 자제력이 있는 사람들이 현대문명에 더 걸맞은 성격의 소유자일지도 모른다.

○

내성적이고 예민한 사람들은
집중력과 통찰, 몰입에 있어
외향적인 사람들보다 우수했다.
외향적인 사람들이 보상에 민감한 반면
내성적인 사람들은 내적인 충만감을 더욱 중시했다.

동서고금을 꿰뚫는 절대가치

18세기 무렵 조선 지식인 사회를 뒤흔든 책 한 권이 중국으로부터 국경을 넘어온다. 책 제목은 《칠극七克》이다. 한자로 쓰였지만 저자는 중국인이 아니라 스페인 선교사 디에고 데 판토하Diego de Pantoja였다. 《칠극》은 일종의 수양서인데 인간이 저지르기 쉬운 일곱 가지 죄를 극복하는 방법을 담은 책이다. 여기서 일곱 가지 죄는 교만·질투·탐욕·분노·식탐·음란·나태다.

가톨릭 선교사인 판토하는 성경의 내용을 유가 사상을 빌려 설명한다. 그는 사단칠정론 같은 동양 윤리학의 기본 범주를 성경에 접목했다.

"사람들은 인색함이라는 수레를 타고 있다… 사람들은 탐욕이 모는 수레를 몰고 어디로 갈까? 귀신의 땅으로 들어간다."

"사람의 마음은 땅과 같아서 오래도록 갈고 김매지 않으면 반드시 가시덤불이 생겨난다. 성경에서 말했다. '내가 게으른 사람의 땅을 지나왔는데 가시덤불로 가득하였다.' 극기의 공부는 잠시라도 놓아두어서는 안 된다. 잠깐만 내버려두면 삿된 생각과 더러운 욕망이 수많은 싹으로 돋아 덤불을 이룬다."

놀라운 건 이 책이 조선에 들어왔을 때 지식인들 반응이다. 남인을 이끌었던 대학자 성호 이익은 "유가의 극기복례克己復禮의 가르침과 다를 게 없고, 수양 공부에도 도움이 된다"며 이를 높이 평가했다. 다산 정약용도 《칠극》을 탐독했다. 다산이 남긴 글 중 〈취몽재기醉夢齋記〉, 〈두 아들에게 써준 가계示二子家誡〉 등 많은 글에서 칠극을 인용한 부분이 보인다.

흥미로운 건 정조의 아버지 사도세자도 《칠극》을 읽었다는 사실이다. 사도세자가 자신이 읽고 감명받은 책 93종을 나열한 기록이 남아 있는데 그중에 《칠극》이 들어 있다. 연암 박지원을 비롯한 조선 후기 명문장가들 글에서도 《칠극》이 심심치 않게 거론된다.

《칠극》은 조선 지식인들이 서학이라는 거대한 물줄기를 접하는 결정적인 계기가 됐고, 그 영향으로 상당수 지식인이 가톨릭 신앙을 받아들였다. 결과적으로 책 한 권이 격변의 서막을 연 셈이다.

《칠극》의 저자인 판토하는 1571년 마드리드에서 태어나 톨레도 예수회에 입회한 후 1596년 동방선교를 위해 인도, 마카오를 거쳐 1601년 북경에 도착했다. 명나라 신종을 알현한 후 궁중 악사들에게 음악을 가르치며 선교를 시작했다. 탁월한 중국어 실력을 지녔던 판토하는 1614년 《칠극》을 완성하는 등 활발한 저술 활동을 했으나 1616년 천주교 박해가 일어나자 마카오로 피신했다가 사망한다.

《칠극》에는 굳이 동서양을 구분할 필요가 없는 중요한 가치가 가득 담겨 있다.

"지혜라는 것은 자기를 아는 데서 시작해 천주를 아는 데서 끝이 난다. 나와 나는 구분이 없다. 그래서 나와 가장 가깝다. 만약 내가 가장 가까운 나를 알지 못한다면, 어찌 가장 멀리 있는 천주를 알겠는가."

○

사람의 마음은 땅과 같아서
오래도록 갈고 김매지 않으면
반드시 가시덤불이 생겨난다.
극기 공부는 잠시라도 멈추면 안 된다.
잠깐만 내버려두면 삿된 생각과 더러운 욕망이
수많은 싹으로 돋아 덤불을 이룬다.

가문비나무가
우리에게 알려준 생의 비밀

마틴 슐레스케Martin Schleske는 바이올린 제조 장인이다. 독일 슈투트가르트에서 태어난 그는 세계 최고 바이올린 제작 학교인 미텐발트 국립학교를 졸업했다. 음향기술회사를 다니다 뮌헨응용학문대에서 물리학을 전공한 뒤 마이스터 시험을 거쳐 개인 아틀리에를 차렸다.

바이올린 제조공인 슐레스케의 이름을 세상에 알린 건 그가 쓴 책 한 권 때문이었다. 《가문비나무의 노래KlangBilder》다. 책에는 바이올린을 만들면서 깨달은 삶과 영혼에 대한 성찰이 담겨 있었다. 그는 바이올린을 만들면서 자기 자신, 자연과 인간, 더 나아가 신과 대화를 할 줄 아는 한 명의 구도자였다. 《가문비나무의 노래》는 사람들의 입에서 입으로 전해지며 스테디셀러가 됐다.

몇 년 전 《가문비나무의 노래》의 원전 격인 책 《울림Der Klang》

이 출간됐다. 《가문비나무의 노래》보다 먼저 출간된 이 책은 슐레스케의 삶과 정신적 면모가 총체적으로 드러나 있다.

"고지대에서 200~300년이 넘는 세월에 걸쳐 천천히 자란 가문비나무는 저지대에서 급속하게 성장한 가문비나무와 비교할 수 없다. 수목한계선 바로 아래 척박한 땅과 기후는 가문비나무의 생존에는 고난이지만 울림에는 축복이 된다. 메마른 땅이라는 '위기'를 통해 나무들이 아주 단단해지기 때문이다. 이런 목재에게 '울림'이라는 소명이 주어진다."

슐레스케는 바이올린이 만들어지는 여러 단계를 삶의 과정에 비유한다. 악기가 될 자질이 있는 '노래하는 나무'를 찾아내는 일에서부터 나무를 결에 맞게 깎아내고 조각하고, 광택을 내고, 마침내 무대에 서는 순간까지 모든 단계는 삶 그 자체다. 그 과정에는 방황과 시련이 있고, 인내와 희열이 있고, 용서와 영성이 있다.

"나무가 장기간 바람에 노출되었거나, 눈더미 같은 것에 눌려 한쪽에 무거운 하중을 받았을 경우, 나무줄기 속에는 이상재가 형성된다… 우리의 삶도 마찬가지다. 언제나 좋은 영향에만 노출되어 있지는 않았다. 여러 가지가 어긋났고, 오랜 기간 부담에 눌려 있었거나, 폭풍우에 노출되기도 했다. 그리하여 특이한 나뭇결을 갖게 되었고, 영혼이 편협해지고 상처가 났다. 목재에 고유음固有音이 있는 것처럼 우리 역시 고유음을 가지게 되었다. 일상의 크고 작은 실험을 통해 우리는 고유음을 가진다."

모든 나무에는 고유음이 있다. 따라서 모든 바이올린의 소리는 다르다. 사람도 마찬가지다. 모두 다른 상처와 환희 속에서 살았기에 각기 다른 고유음을 가지고 있다. 그 고유음을 인정하고 받아들이는 것이 가장 훌륭한 연주이다.

우리는 나와 타인의 고유음을 얼마나 인정하며 살고 있을까. 자문해본다. 획일적인 정해진 음을 강요하면서 살고 있는 것은 아닐까. 그렇다. 세상의 모든 생명체는 존중받아야 할 하나의 리듬이고 노래이다.

○

우리의 삶은 좋은 영향에만 노출되어 있지 않다.
여러 가지가 어긋났고, 폭풍우에 노출되기도 했다.
그리하여 특이한 나뭇결을 갖게 되었고,
영혼이 편협해지고 상처가 났다.
목재에 고유음이 있는 것처럼
일상의 크고 작은 실험을 통해
우리는 고유음을 가진다.

삶은 원래
어렵고 불쾌한 겁니다

추운 겨울날. 고슴도치들이 얼어 죽지 않기 위해 서로 바짝 달라붙어 한 덩어리로 뭉쳤다. 추위는 덜해졌지만 이번엔 가시가 서로의 몸을 찔렀다. 고슴도치들은 고통을 피해 다시 서로에게서 떨어졌다. 그러자 또 추위가 몰려왔다. 고슴도치들은 두 개의 악惡 사이를 끊임없이 오갔다. 아르투어 쇼펜하우어Arthur Schopenhauer가 쓴 우화의 줄거리다.

쇼펜하우어에게 타인은 곧 고통이다. 인간에게 고독은 피할 수 없는 운명이다. 고독을 벗어나기 위해 타인에게서 위안을 찾고자 하지만, 타인은 또 다른 아픔을 가져다줄 뿐이다. 결국 인간은 타자들과 적당한 거리 두기를 할 수밖에 없다. 각박한 것 같지만 쇼펜하우어의 주장은 맞는다. 그래서 우리는 그를 현대철학의 기둥 중 한 명으로 받아들인다.

흔히 쇼펜하우어를 염세주의자라고 말한다. 그런데 쇼펜하우어를 단순한 염세주의자라고 규정하는 건 적절치 않다. 그는 염세적이지만 의지가 충만한 사람이었다. 그렇다면 '의지'와 '염세'라는 어울리지 않는 두 단어는 그의 철학 속에서 어떻게 만났을까? 쇼펜하우어는 인간의 본질은 이성에 있는 게 아니라 의지에 있다고 봤다. 인간이 품고 사는 모든 욕망, 소망, 동경, 미움, 반항, 도피 같은 것들이 결국 의지다. 인간이 내린 판단은 논리적 이성보다는 본능적인 의지에 의해 밖으로 표출된다.

그런데 이 의지는 밖으로 나오는 순간 많은 것들의 방해를 받는다. 세상엔 온통 나의 의지를 가로막는 것들 천지다. 그렇다 보니 삶의 모습은 환희보다는 고통에 더 가깝다. 의지가 뜻대로 실현되지 않으니 불행할 수밖에 없다. 쇼펜하우어는 "인간에게 의지가 있는 한 인생은 고통이요, 이 세계는 최악"이라고 일갈했다. 쇼펜하우어에게 인생은 살 가치가 없다. 인생은 고통과 권태 그리고 외로움만이 기다리는 디스토피아다. 결혼도 우정도 본질적인 고독을 해결해주지 못한다. 그래서일까. 쇼펜하우어는 궁극적으로 불교적 해탈을 꿈꾸었다. 실제로 그의 연구실에는 딱 두 가지 장식품밖에 없었다고 한다. 칸트의 초상화와 청동불상이었다. 쇼펜하우어는 자신을 칸트의 진정한 계승자라고 생각했다. 그는 칸트철학을 바탕으로 열반의 경지를 구현하고 싶어 했다. 쇼펜하우어의 독창적인 철학은 사람들에게 외면받았다. 하지만 그는 끝까지 굽히지 않았다. 쇼펜하우어는 〈피날레〉라는 의미심장한 제목이 붙은 시를 남겼다. 내용이 매우 상징적이다.

나는 이제 여정의 목적지에 지친 채 서 있구나
지친 머리는 월계관을 쓰고 있기도 힘들구나
그래도 내가 했던 일을 기쁘게 돌아볼 수 있는 까닭은
누가 뭐라 하든 흔들리지 않았기 때문이다.

염세철학의 대부였지만 쇼펜하우어는 알려진 것처럼 자살을 옹호하지는 않았다. 윤회를 믿었던 그는 고통뿐인 세상을 이겨내기 위한 방법으로 자살보다는 금욕을 권했다. 의지와 결별하지 못할 것이라면 그 의지를 다스리는 것이 낫다고 본 것이다.

"삶은 어렵고 불쾌한 겁니다. 나는 이러한 삶에 대해 깊이 사유하며 살기로 작정했습니다."

독일 출신인 이 괴짜 철학자는 자기의 주장대로 금욕을 실천했다. 평생을 검박하게 살았고, 대중의 요구에 영합하는 책을 한 권도 쓰지 않은 채 생을 마감했다.

○

이제 여정의 목적지에 지친 채 서 있구나
지친 머리는 월계관을 쓰고 있기도 힘들구나
그래도 내가 했던 일을
기쁘게 돌아볼 수 있는 까닭은
누가 뭐라 하든 흔들리지 않았기 때문이다.

3장

품격 있는 인생을 살아가는 법

사랑은 어떤 것도 어떤 문장도 만들 수 있어요

인종차별이 엄존하던 1920년 어느 날. 감수성 예민한 열여덟 살짜리 흑인 소년 랭스턴 휴스Langston Hughes는 아버지와 함께 기차를 타고 미시시피강을 건너다 손에 들고 있던 샌드위치 봉투에 시를 끄적거린다. 이 시가 바로 미국 흑인 문학 사상 가장 기념비적인 작품이라는 평가를 받는 〈검둥이, 강에 대해 말하다The Negro Speaks of Rivers〉이다.

나는 강을 알고 있다
나의 영혼은 강처럼 깊게 자라왔다
인류의 여명기 유프라테스강에서 목욕했으며
콩고 강가 오두막에서 물소리 자장가 삼았고
나일강을 바라보며 피라미드를 세웠다

링컨이 뉴올리언스에 왔을 때
미시시피강의 뱃노래를 들었고
나는 흙탕물이 일몰 속에 금빛으로 물드는 것을 보았다
나는 강을 안다 저 태곳적부터, 어렴풋한 강을…
나의 영혼은 강처럼 깊게 자라왔다.

흑인 소년이 한가롭게 뱃전에 기대어 시를 쓰는 것이 받아들여지지 않던 시절, 휴스는 아프리카적이면서 동시에 우주적인 대작을 탄생시켰다. 소년은 세상의 모든 위대한 강이 그랬듯 흑인들의 문화도 인내 속에서 깊어진다고 믿었다. 그로부터 90년쯤 지나 미국에는 최초 흑인 대통령이 탄생했고 취임식장에서는 흑인 시인의 축사가 울려퍼진다. 엘리자베스 알렉산더Elizabeth Alexander의 축시 〈그날을 위한 찬가Praise Song for The Day〉는 의미심장했다.

분명히 말해요. 이날을 위해 무수한 이들이 죽었다고
우리를 여기에 데려다준 이들을 위해 노래해요
철로를 놓았고, 다리를 잇고, 상추와 목화를 따던,
벽돌 하나하나를 놓아 눈부신 대저택을 만들고
그 안을 닦고 청소하던 이들을 위해

만약 가장 위대한 단어가 사랑이라면
사랑은 넓은 빛을 호수에 드리웁니다
사랑은 오늘, 이 겨울날의 예리한 섬광 속에서도
어떤 것도 만들어낼 수 있고
어떤 문장도 시작할 수 있어요.
(중략)

설움과 한탄으로 시작한 흑인 문학이 이제 미국 주류문학의 당당한 일원이 되기 시작한 것이었다. 흑인 소설의 백미라는 앨릭스 헤일리Alex Haley의 《뿌리Roots》는 출간되자마자 베스트셀러 반열에 올랐고 퓰리처상과 전미 도서상을 받았다. 앨리스 워커Alice Walker가 1982년 출간한 소설 《컬러 퍼플The Color Purple》도 퓰리처상과 전미도서상을 받았다. 그리고 드디어 1993년 토니 모리슨Toni Morrison이 《재즈Jazz》로 노벨문학상을 받았다.

흑인 문학은 "백인 문학보다 오히려 미국의 내밀한 부분을 더욱 정확하게 파헤친다"는 평가를 받으며 관심을 끌기 시작했다. 노동과 핍박에 지친 신음으로 시작한 흑인의 이야기가 문학 중심으로 우뚝 서기까지는 꽤 오랜 시간이 걸렸다. 그 일을 문학은 해냈다. 우리가 읽고 쓰는 힘을 인정해야 하는 이유다.

○

나의 영혼은 강처럼 깊게 자라왔다.
인류의 여명기 유프라테스강에서 목욕했으며
나일강을 바라보며 피라미드를 세웠다.
나는 강을 안다 저 태곳적부터, 어렴풋한 강을…
나의 영혼은 강처럼 깊게 자라왔다.

노인은 꽃 사진 찍길 좋아한다
이미 꽃이 아니므로

나이 든 사람들은 꽃 사진 찍는 걸 좋아한다. 꽃은 생명력의 정점이다. 즉 꽃은 '청춘'이다. 이제 청춘을 지나쳐버린 사람들은 꽃을 찍는 것으로 생명력의 정점이 지나갔음을 아쉬워한다.

청춘은 공유할 수 있는 이데올로기가 아니다. 청춘은 지나가 버리기 때문에 결코 어떤 세대도 공유할 수 없다. 그래서 이데올로기는 승계밖에 할 수 없는 이데올로기다.

소설 《좁은 문La Porte Étroite》으로 노벨 문학상을 받은 프랑스 작가 앙드레 지드André Gide는 청춘을 승계하는 메뉴얼북 같은 책을 두 권 남겼다. 《지상의 양식Les Nourriture Terrestres》과 《새로운 양식Les Nouvelles Nourritures》이 그것이다. 두 책은 소설이라고 보기에는 좀 모호한 구성을 지닌 특이한 저작물이다.

《지상의 양식》과 《새로운 양식》은 서로 38년이라는 시차를 두고 쓰였지만 핵심 메시지는 같다. 현실이나 규범에 굴복하지 말고 꿈과 의지대로 청춘을 누리라는 게 두 책의 방향성이다. 다음 글은《지상의 양식》에 나오는 내용이다.

"동지여, 사람들이 그대에게 제안하는 바대로 삶을 받아들이지 말라. 삶이 더 아름다울 수 있다는 것을 항상 굳게 믿어라. 자기의 현재를 살아라. 삶에서 거의 대부분의 고통은 신의 책임이 아니라 인간의 책임이라는 사실을 그대가 깨닫기 시작하는 날부터 그대는 더 이상 고통의 편에 들지 않을 것이다."

지드가 이처럼 청춘을 마음껏 누리기를 강력하게 주장한 것은 그의 성장사를 들여다보면 단서가 보인다. 지드는 아버지가 어린 시절 사망하면서 외가에서 자라게 된다. 지드의 외가는 프랑스에서는 드문 개신교 집안, 그것도 엄격하기로 유명한 칼뱅파 청교도였다. 칼뱅파 청교도는 적극적인 금욕을 통한 탈세속화를 중요시한다. 일상생활에서도 시시각각 신앙을 증명해야 하고 늘 욕망을 자제하는 것이 칼뱅파의 도리였다. 섬세하고 호기심 많은 욕망의 화신 지드는 이에 반발했다. 육체를 포기해야 정신이 행복해진다는 식의 구분법은 지드에게 받아들일 수 없는 것이었다.

지드의 대표작《좁은 문》에는 신이 규정한 좁은 문으로 들어가기 위해 사랑마저도 포기하는 한 여인의 이야기가 나온다. 소설에서 지드는 "육체와 함께 행복하기를 신도 바랐을 것"이라고 외친다. 지드는 말년에 쓴 《새로운 양식》을 통해 더욱 완숙해진 청춘론을 펼친다.

"그대는 다시 채워 넣어야 할 텅 빈 하늘 아래, 처녀지에 벌거숭이로 서 있다…. 오, 내가 사랑하는 그대여. 어서 한 손으로 이 광선을 붙잡아라. 별이 있지 않느냐! 무거운 짐을 버려라. 아무리 가벼운 과거의 짐이라 해도 거기에 매이지 마라…. 나는 인간을 축소시키는 모든 것을 미워한다."

지드의 책들은 청춘의 승계 방식을 알려주는 하나의 '바통baton' 같다. 지드는 청춘의 승계만이 인류를 퇴보시키지 않는 방법이라고 믿었다. 세대 갈등이 있는 사회는 이 승계가 제대로 이뤄지지 않고 있는 것이다.

○

그대는 다시 채워 넣어야 할 텅 빈 하늘 아래,
처녀지에 벌거숭이로 서 있다.
내가 사랑하는 그대여. 이 광선을 붙잡아라.
별이 있지 않느냐! 무거운 짐을 버려라.
아무리 가벼운 과거의 짐이라 해도
거기에 매이지 마라.

아무리 좋은 이상도
카리스마 없으면 신기루

프랑스인들이 하는 우스개 중에 만약 시험으로 대통령을 뽑는다면 자크 아탈리가 당선됐을 것이라는 말이 있다.

자크 아탈리Jacques Attali는 현대 프랑스를 대표하는 지식인이다. 그는 파리공과대학, 파리고등정치학교, 국립행정학교 등 프랑스 명문 교육기관을 모두 졸업했고, 소르본대학에서 경제학 박사 학위를 받았다. 프랑스인들이 선망하는 최고 학벌을 다 갖춘 아탈리는 대통령이 아니라 대통령 보좌관을 하는 데 만족했다.

아탈리는 프랑수아 미테랑François Mitterrand 사회당 당수의 경제고문으로 시작해 대통령 취임 후 특별보좌관을 지냈다.

아탈리는 미테랑 평전에서 '왜 프랑스인들은 미테랑을 그리워하는가?'라는 질문을 던진다. 그리고 스스로 답을 내린다.

"사람들은 프랑스가 강했던 시절을 그리워하는 것이다."

아탈리가 보기에 미테랑은 좌파였지만 '강한 국가만이 아름답다'라는 진리를 국민들에게 확인시켜준 능숙한 정치인이었다.

미테랑은 "나라를 약화시키고 후퇴시키는 문제들을 종식시키겠다"는 국가주의적 비전을 제시하면서 대통령에 당선됐다. 당선 통보를 받은 직후 미테랑은 승용차에 동승한 아탈리에게 "국민들은 실망하게 되어 있기 때문에 모든 개혁을 국민 실망보다 빨리 진행해야 한다. 경제 성장이 결국 모든 것을 해결해줄 수 있을 것"이라고 말했다.

미테랑은 총선에 패배했을 때 자신의 이상을 실천할 권력을 확보하기 위해 '좌우연정'을 이뤄냈다. 아무리 좋은 이상도 실천할 카리스마가 없다면 부질없는 일이라고 했던 마키아벨리의 말을 잘 알고 있었던 듯하다.

미테랑의 국가 경영 능력은 탁월했다. 미테랑 집권 초기 프랑스는 최악의 실업과 불황에 시달리고 있었다. 사회 양극화는 현재 한국 사회만큼이나 심각한 지경에 처해 있었다.

미테랑은 구매력을 높이는 데 문제 해결책이 있다고 믿었다. 그는 임금 인상이나 실업수당을 통해 구매력을 높이는 방식을 버리고 물가 상승 억제와 세금 인하를 통해 구매력을 높였다. 그는 집권 기간 내내 세금을 낮추기 위해 새로운 국가의 수입원을 찾아 헤매는 데 시간을 소비했다.

대미 관계에서도 미테랑은 현실적이었다. 그는 유럽 내 다른 사회민주당 세력들과는 달리 미군과 핵무기가 유럽에 주둔하는 걸 찬성했다. 그러면서 동시에 프랑스가 자체적으로 전술핵무기 보유국이 되는 데 힘을 기울였다. 대미 관계에서 현실적인 문제는 인정하되 영원히 끌려가지는 않겠다는 의지 표명이었다.

아탈리는 국가원수는 비전, 카리스마, 경영 능력 세 가지를 모두 가지고 있어야 한다고 말한다. 비전만 있으면 모호한 이론가에 머물게 되고, 카리스마만 넘치면 선동가로 그칠 수 있으며, 경영 능력만 갖추었다면 상상력 없는 낡은 정치인에 불과할 뿐이다. 미테랑은 이 세 가지를 고루 갖춘 정치인이었다.

○

비전만 있으면 모호한 이론가에 머물게 되고
카리스마만 넘치면 선동가로 그칠 수 있으며
경영 능력만 갖추었다면
상상력 없는 낡은 정치인에 불과할 뿐이다.

인간은 모두 부서져 있지만
그 사이로 빛이 들어온다

어니스트 헤밍웨이Ernest Hemingway는 술꾼이었다. 겉으로는 남성성의 대명사처럼 포장된 인물이지만 그는 유약한 염세주의자였다. 헤밍웨이는 자신의 유약함을 술로 달랬다. 헤밍웨이 사후《해류 속의 섬들Islands in the Stream》이란 유작이 출간됐다. 헤밍웨이가 남긴 마지막 고백록처럼 보이는 책에는 술 마시는 장면이 자주 등장한다. 음주 장면에서 내뱉는 말들은 모두 허무하다. 이런 식이다.

주인공 토마스 허드슨은 쿠바 아바나의 한 술집에서 종업원으로 보이는 여성과 대화를 나눈다.

"말해줘 톰. 당신은 무엇 때문에 슬퍼?"

"온 세상."

온 세상 때문에 슬퍼서 술을 마신다는 남자. 그가 헤밍웨이다. 헤밍웨이는 특히 쿠바에서 탄생한 칵테일 다이키리Daiquiri를 좋아했다. 다이키리는 럼과 라임주스, 설탕 시럽을 섞은 칵테일이다. 그런데 헤밍웨이는 건강상의 이유로 단것을 피해야 했다. 설탕을 먹을 수 없는 대문호를 위해 바텐더가 고안한 다이키리가 바로 파파 도블레, 혹은 헤밍웨이 다이키리라고 불리는 술이다. 럼주의 양을 두 배 늘리고 설탕을 뺀 것이었다. 헤밍웨이는 이 칵테일을 앉은 자리에서 16잔이나 마셨다.

헤밍웨이의 유작인 《해류 속의 섬들》은 섬에서 세월을 보내고 있는 한 남자의 이야기다. 바하마의 비미니 군도와 쿠바의 아바나가 주요 배경이다. 주인공 허드슨은 어부 친구와 술을 마시거나 고양이를 바라보면서 살아간다. 소설은 느슨해 보이는 대화와 회상, 사건으로 연결되는데 그 핵심에는 삶과 죽음이 있다.

헤밍웨이는 그의 많은 소설 속에서 분명 삶을 찬양한다. 하지만 삶의 집착이 지나친 만큼 절망도 빨리 온다. 이 지점이 헤밍웨이의 매력이다.

"어째서 하루의 일을 분석하고 상황에 따라 나누어서 생각하지 못하는가? 이제 잊자. 그리고 날이 새면 다시 생활의 균형을 잡아야 한다."

이렇게 말하다가 어느새 염세가 밀려온다.

"제발, 이번에는 이를 끝냈으면 좋겠다. 나는 유언장을 하나

만들어 그녀에게 술집을 주려고 생각했다."

《노인과 바다The Old Man and the Sea》에서 그러하듯 헤밍웨이는 망하고 파멸한 인생을 그린다. 하지만 그 파멸이 패배는 아니라는 궁극의 메시지를 전달한다. 주어진 생을 살아내고 사라진 모든 이들은 패배자가 아니므로.

헤밍웨이는 말년에 두 차례의 비행기 사고를 당한다. 살아나긴 했지만 노벨상 시상식에도 참석하지 못한다. 이 무렵부터 1961년 자살하기 전까지 헤밍웨이는 사고 후유증과 싸우며 우울한 날들을 보낸다. 그래서일까. 유작인 《해류 속의 섬들》에서는 군데군데 죽음의 그림자가 느껴진다. 하지만 소설을 보며 그가 패배했다는 생각은 들지 않았다. 그는 살았고 사라졌을 뿐이니까.

"인간은 모두 부서져 있다. 그렇게 안으로 빛이 들어온다."

그의 말처럼 말이다.

○

어째서 하루의 일을 분석하고
상황에 따라 나누어서 생각하지 못하는가?
이제 잊자. 그리고 날이 새면
다시 생활의 균형을 잡아야 한다.
제발, 이번에는 이를 끝냈으면 좋겠다.

비천과
위대함이 만나는 것

"24세의 한 젊은 불가리아 여성이 1965년 크리스마스 전날 파리에 도착한다. 눈이 퍼붓는 오를리 공항 활주로에 비행기가 착륙했을 때, 그녀의 주머니에는 단돈 5달러밖에 없었다. 그녀는 자기 자신이 훗날 줄리아 크리스테바Julia Kristeva라는 이름의 구조주의 여전사가 될 것이라는 사실을 짐작도 하지 못하고 있었다."

프랑수아 도스François Dosse가 줄리아 크리스테바의 파리 도착 장면을 극적으로 묘사한 부분이다. 크리스테바는 프랑스 구조주의의 상징적 인물이다. 난해하기로 유명한 그녀의 저서 중 가장 널리 알려진 게 《사랑의 역사Histoires D'Amour》다. 구조주의자답게 크리스테바는 관계와 구조 속에서 '사랑'을 분석한다.

"사랑이란 상처 없이 존재하지 않는다는 것을 인정해야 한다. 우리가 지나간 사랑에 대해 말하는 이유는 바로 그 상처 때문이다."

크리스테바에게 있어 사랑은 이기利己와 이타利他가 공존하고, 비천함과 숭고함이 함께 있는 부조리한 상황이다. 로미오와 줄리엣을 생각해보자. 셰익스피어는 해피엔딩으로 결말을 내리지 않았다. 왜 그랬을까.

이런 가정을 해보자. 만약 로미오와 줄리엣이 죽지 않고 아들딸 낳고 오래오래 행복하게 살았다면 인류에게 가장 많이 읽히는 러브 스토리가 될 수 있었을까? 아닐 것이다. 사람들은 이미 알고 있는 것이다. 행복으로 가득 차야 할 사랑이지만, 그 사랑에는 필연적으로 비극적 요소가 있다는 것을. 크리스테바는 이렇게 말한다.

"현실은 다르다. 열정으로서의 사랑은 합의와는 거리가 멀고, 조용한 인식이라기보다는 정신착란, 이탈, 단절에 가깝다."

사랑이 왜 정신착란이고 이탈이냐고! 흥분하지 말고 가만히 생각해보자. 사실 열정적인 사랑에 빠졌다는 것은 '현명함'이나 '합리성'과는 거리가 멀다. 크리스테바의 주장은 맞는다. 첫사랑에 빠졌을 때를 기억해보자. 학교 시험도 빼먹고 상대를 만나러 가고, 우산도 없이 폭우 속을 걷고, 영하의 날씨에 몇 시간씩 길에서 기다리고, 사랑이 떠났을 때 주먹으로 벽을 치며 몇 날 며칠 울지 않았던가. 사랑에 빠지면 알 수 없는 흥분과 용기, 주체할 수 없는 비이성이 우리를 지배한다.

그렇다고 해서 그녀가 사랑을 폄하하는 것은 아니다. 다음 문장을 보자.

"사랑이란 내가 나에게 비범할 수 있는 권리를 부여하는 시간이자 공간이다. 사랑에 빠진 나는 개체가 아니라 군주다. 사랑 속에서 나는 주관성의 절정에 서 있게 된다."

사랑에 빠진 순간 사랑은 나에게 비범함을 준다. 사랑 속에서 나는 내 감정의 주인으로, 그 감정의 최대치를 누리는 것이다.

크리스테바의 책은 난해하다. 개념과 개념, 현상과 현상 사이를 한 치의 오류를 용납하지 않을 듯 촘촘하고 복합적으로 서술하다 보니, 뛰어난 번역을 거쳐도 몇 번을 읽어야 이해가 간다. 그게 크리스테바의 매력이다. 그 몇 번을 반복하는 순간, 어떤 섬광 같은 게 다가오기 때문이다. 어렵게 열어젖힌 창문에서 들어온 빛이 더 반갑듯이. 알프레드 디 수Alfred D'Souza자의 시를 보면 "사랑하라 한 번도 상처받지 않은 것처럼"이라는 구절이 나온다. 이 구절을 사람들이 그토록 좋아하는 이유는 뭘까. 이미 사랑 속에는 상처가 수반되어 있다는 걸 인정하기 때문 아닐까?

○

사랑이란
상처 없이 존재하지 않는다.
우리가 지나간 사랑에 대해 말하는 이유는
바로 그 상처 때문이다.

화단의 꽃들은
아름다움을 시기하지 않는다

물이 그릇 따라 그 형태를 나타내듯
인연과 때와 장소에 따라 존재가 규정됩니다.
그런데 우리는 자신의 현재 역할에 집착해서
자신이 마치 그것인 양 착각하고 있습니다.
바로 거기서 온갖 괴로움이 생겨납니다.
'나'는 없습니다.

"승복이 나를 옭아매는 게 싫어서 신경 안 쓰고 살았더니 이렇게 됐네요."

법륜 스님의 가사는 해져 있었다. 군데군데 구멍이 나 있었고, 올이 풀려 실밥이 나온 부분도 많았다. 왜 해진 가사를 입느냐는 질문에 스님이 던진 답이다. 그러면서 스님은 젊은 시절 서암 큰스님과의 일화를 들려줬다.

스님은 출가 직후 기존 불교와 사찰 현실에 실망해 서암 큰스님께 찾아가 공격적인 질문을 던졌다. 수행처가 이래서 되겠느냐는 젊은 스님의 질문에 큰스님은 현답으로 응수했다.

"여보게, 중이니 절이니 하는 게 뭐 따로 있는가. 논두렁 밑에 서라도 마음을 청정한 사람이 있다면 논두렁이 절이고 그 사람이 중이지. 마음이 곧 도량이네."

머리를 한 대 얻어맞은 듯한 충격을 받은 스님은 그 길로 정토회라는 다소 독특한 수행조직을 만들었다. 이곳에선 복福을 빌어준다는 이야기나 죽어서 어디에 간다는 이야기를 하지 않는다. 그저 살아서 수행하고 세상에 도움이 되는 일을 할 뿐이다.

초겨울 어느 날 정토회 사무실에서 30여 년 동안 공동체를 이끌고 있는 스님을 만나 차담을 나눌 기회가 있었다. 사무실에 돌아와서 스님이 그동안 펴낸 책들을 훑어봤다. 이런 구절이 눈에 띄었다.

"행복하려면 나는 원래 이 정도 되는 사람이라는 걸 인정하고 긍정하면 돼요. 넘어지면 넘어지는 것이 나고, 성질내면 성질내는 것이 나입니다. 그런데 나는 쉽게 넘어지거나 성질내는 사람이 아니라고 생각하기 때문에 성질내는 자기 자신을 보는 것이 괴로운 거예요."

"물이 그릇 따라 그 형태를 나타내듯이 인연에 따라, 때와 장소에 따라 우리의 존재가 규정됩니다. '나'는 인연을 따라 여러 가지 형태로 모습이 드러날 따름입니다. 그런데도 우리는 아내다, 자식이다, 승객이다 하는 역할에 순간순간 집착해서 거기에 의미를 부여함으로써 자신이 마치 그것인 양 착각하고 있습니다. 바로 거기서 온갖 괴로움이 생겨납니다. '나'의 고정된 실체는 없습니다."

무릎을 쳤다. 하긴 화단의 꽃들은 모두 아름답다. 나도 그렇다.

○

물이 그릇 따라 그 형태를 나타내듯
인연과 때와 장소에 따라 존재가 규정됩니다.
그런데 우리는 자신의 현재 역할에 집착해서
자신이 마치 그것인 양 착각하고 있습니다.
바로 거기서 온갖 괴로움이 생겨납니다.
'나'는 없습니다.

사랑에 실패하면
폐인 아니면 시인이 된다

이별은 흔적으로 우리를 괴롭힌다. 우리는 떠난 사람이 남긴 흔적을 보며 가슴을 두드린다.

시인 라이너 마리아 릴케Rainer Maria Rilke에게는 살로메라는 지울 수 없는 흔적을 남긴 여인이 있었다. 세기말의 우울이 유럽을 휩싸고 있던 1897년 5월 어느 날 뮌헨. 릴케는 소설가 야콥 바서만의 집에서 작가이자 정신분석학자인 루 안드레아스 살로메Lou Andreas-Salomé를 만난다. 릴케는 열네 살 연상의 유부녀 살로메를 처음 본 순간 이 사랑의 폭풍이 평생 자신을 따라다닐 것임을 직감한다. 실제로 릴케는 이때 살로메에게 "우리는 어느 별에서 내려와 이제야 만난 거죠"라고 말했다고 한다.

살로메는 당대 최고 지식인이자 예술가들에게 영감을 주는 '뮤즈muse'였다. 철학자 니체, 심리학자 프로이트 같은 천재들이 살로메에게 연정을 품고 있었다.

살로메는 서서히 심약한 릴케의 영혼을 잠식하기 시작했다. 릴케는 그녀가 시키는 대로 '르네'라는 프랑스식 이름을 독일식 '라이너'로 바꿨고, 글씨체까지 살로메의 글씨를 흉내 냈다.

흥미로운 사실은 릴케가 이때부터 시다운 시를 쓰기 시작했다는 사실이다. 사랑은 그의 창조적 직관에 불을 질러 시를 쓰게 했다. 살로메를 만나기 전 릴케는 뛰어난 재능을 타고나기는 했지만 이렇다 할 대표작을 쓰지는 못하고 있었다. 우리가 릴케 하면 떠올리는 대표적인 연시들은 대부분 살로메를 만난 이후 창작된 것들이다. 살로메가 그의 시 세계를 완성시킨 셈이다. 살로메는 릴케에게 명실상부한 뮤즈였다.

하지만 릴케는 시를 얻은 대신 사랑을 얻지는 못했다. 다음 시를 보자.

이별이란 어떤 것일까
내가 아는 이별, 어두운
매정한 어떤 것. 아름다웠던 것을
다시 한번 보여주면서, 질질 끌며
찢어버리는 어떤 것

어떻게 아무 방어 없이
그곳에 나를 부르고, 가게 하고, 남게 하는
그것을 쳐다볼 수 있었던가

〈이별〉이라는 제목의 시다. 이 시는 그가 이름과 필체를 남겨준 치명적인 여인에게서 벗어나지 못한 채 얼마나 헤매었는지를 보여준다. 살로메는 릴케에게 어떤 확신도 주지 않았고, 끊임없이 이별을 암시하면서 릴케를 힘들게 했다.

릴케는 시달렸다. '질질 끌면서 마음을 찢는 듯한' 그 사랑을 심하게 앓았다. 더욱 잔인한 건 '아름다웠던 것을 다시 한번 보여주는' 것이었다.

사랑에 실패하면 '폐인'이 되거나 '시인'이 된다는 우스개가 있다. 릴케는 사랑을 잃고 시인이 된 경우다. 릴케는 아팠지만 우리는 릴케를 기억한다. 사랑을 갖지 못했으며, 그로 인해 공허하고 외로운 삶을 살았던 남자. 하지만 그 대가로 위대한 시를 남긴 남자. 신은 릴케에게 사랑을 주는 대신 시를 줬다.

○

이별이란 어떤 것일까.
내가 아는 이별, 어두운 매정한 어떤 것.
아름다웠던 것을 다시 한번 보여주면서,
질질 끌며 찢어버리는 어떤 것
아무 방어 없이 그곳에 나를 부르고, 가게 하는.

읽었던
모든 책을 지워버려라

"사물의 이름을 말해버리는 것은 시가 주는 즐거움을 앗아가는 것이 된다."

19세기 프랑스 문학을 대표하는 시인 스테판 말라르메Stéphane Mallarmé가 했다는 말이다. 다른 시인들이 사물의 이름을 '명명'하기 위해 고군분투할 때 이 남자는 사물의 이름을 감추기 위해 상징주의의 길로 걸어 들어갔다. 상투성에 갇혀 있는 언어를 해방시키기 위해 그는 읽었던 모든 책을 지워야 했다. 그에겐 새로운 언어의 대륙이 필요했다. 손가락 하나하나에 감지되는 진동을 찾아 새로운 언어 대륙을 향해 항해를 떠난 말라르메는 시의 순례자였다.

등기소 말단 직원에서 프랑스 현대시의 스승이 된 이 남자. 그를 이해하기 위해 우리는 〈목신의 오후〉를 읽어야 한다. 〈목신의 오후〉를 처음 만났을 때 고개를 들게 한 의문이 있었다. 난해하고 생경한 시구절보다 더 의아했던 것은 왜 하필 반인반수半人半獸의 모습을 한 주인공을 등장시켰는가 하는 의문이었다. 말라르메는 왜 반인반수를 등장시켜 인간의 욕망을 말하고자 했을까. 의문은 그의 초기 시 〈바다의 미풍〉을 곰곰이 읽으면서 풀렸다.

오! 육체는 슬퍼라,

그리고 나는 모든 책을 다 읽었노라

떠나버리자. 저 멀리 떠나버리자! 새들은 취한 듯

낯선 거품과 하늘로 나섰다!

그 무엇도, 눈매에 비친 해묵은 정원들도

바닷물에 젖은 이 마음을 붙들지 못하리.

그는 현존을 떠나고 싶어 했다. 왜냐고? 육체는 슬프고 모든 책은 이미 읽어버렸으니까. 육신의 한계를 깨달았고, 세상의 모든 책을 다 읽어버린 자에게 남겨진 건 무엇이었을까. 탈주밖에 없지 않았을까. 인간의 육체로부터, 신이 있다는 천상으로부터 탈주하는 것 그것이 말라르메의 꿈 아니었을까. 〈바다의 미풍〉은 선언문이다. 인간의 몸을 떠나고, 신의 가르침도 따르지 않겠다는 선언문이다. 그는 바람을 만날 돛도 없이, 나타나줄 섬도 없이 헤매는 일이 있을지라도 자기 가슴은 탈주를 원한다고 자백했다. 권태 때문에 권태 속에서 죽는 것은 시인에게는 죄악이었으므로….

말라르메에게 묻고 싶다. 떠나서 무엇을 보았는지? 어떤 언어를 얻었는지? 그는 시로 답했을지도 모른다.

오 밤들이여! 백색이 가로막는
텅 빈 백지를 비추는 내 램프의 황량한 불빛도
어린아이에게 젖 먹이는 젊은 여인도
나는 떠나리! 선원이여 돛을 일렁이며
이국의 자연을 향해 닻을 올려라!
잔인한 희망에 시달리는 권태는
아직도 손수건의 거창한 작별을 믿고 있구나!

이제까지 살아온 세상이 아닌 새로운 세상을 향해 출항하는 일. 그 자체가 말라르메가 얻어낸 진리 아니었을까. 익숙한 세상에 안주하고 있는 자에게 무슨 새로운 언어가 찾아오겠는가.

○

오! 육체는 슬퍼라,
그리고 나는 모든 책을 다 읽었노라
떠나버리자. 저 멀리 떠나버리자!
새들은 취한 듯 낯선 거품과 하늘로 나섰다!
그 무엇도 바닷물에 젖은 이 마음을 붙들지 못하리.

운은 불행 속에서도 빠져나갈 문을 항상 열어놓지

'돈키호테는 희극일까 비극일까?'

학창 시절 《돈키호테Don Quixote》를 처음 읽고는 이런 물음에 빠진 적이 있었다. 알다시피 《돈키호테》의 원제는 《재치 있는 시골 양반 라만차의 돈키호테》다. 분명 희극적인 제목이다. 갑자기 미쳐버린 기사가 벌이는 해프닝은 분명 희극적이기는 하다. 하지만 소설 내면에 깊이 녹아 있는 메시지는 결코 희극적이지 않다. 매우 심각하고 상징적이어서 읽는 이의 마음을 무겁게 짓누른다.

소설 《돈키호테》는 실존에 대한 물음을 던진다. 라만차의 돈키호테는 인간을 결정짓는 것은 가문이나 혈통이 아니라 행동이라며 창을 높이 치켜든다. 실존이 인간을 결정하는 것이 아니라, 인간의 행위가 실존을 결정한다는 주장이다.

그리고 그는 행동에 나선다.

"운명은 이제 우리에게 미처 생각지도 못한 일을 시키려나 보네. 여보게 산초 판사, 저기를 보게나. 산더미 같은 거인들이 서른 놈, 아니 그보다 더 많이 저기 우뚝 서 있지 않은가. 내 저놈들과 싸워서 한 놈도 남겨두지 않고 모조리 없애버릴 생각이네."

이러면서 풍차를 향해 돌진하는 돈키호테는 희극으로 비극을, 동시에 비극으로 희극을 말해준다. 그렇다. 《돈키호테》라는 소설은 거대한 '희비극'이다. 인간사가 그렇듯 말이다.

미겔 데 세르반테스Miguel de Cervantes가 독특한 희비극을 쓸 수 있었던 것은 그가 꿈의 힘으로 세상을 견딘 사람이었기 때문이다. 세르반테스는 현실 안에서 살았던 사람이 아니라, 꿈의 힘으로 살았던 사람이다.

그의 인생은 가혹했다. 세르반테스는 1547년 스페인 카스티야에서 태어났다. 할아버지는 변호사, 아버지는 의사였다고 하는데 지금의 기준으로 보면 근사한 직업이지만 당시는 달랐다. 당시 변호사는 동네 서기 정도의 역할을 수행하는 직업이었고, 의사도 이발사를 겸하는 격이 낮은 직업이었다. 10대 때 아버지가 전 재산을 차압당하면서 세르반테스는 고향을 떠나 떠돌이 생활을 시작한다. 이때 독학으로 문학을 공부했을 것이라는 게 정설이다. 10년 넘게 동가식서가숙하던 돈키호테는 22세 때 교황청에 파견되는 추기경의 시종으로 이탈리아에 간다. 그리고 얼마 뒤 나폴리에 주둔 중이던 스페인 해군에 입대해 레판토해전에서 오스만 함대와 싸운다. 여기서 왼팔에 치명상을 입은 그는 평생 한쪽 팔을 쓰지 못했다. 그의 별명은 '레판토의 외팔이'다. 불행은 여기서 끝나지 않았다. 돌아오던 길에 튀르크 해적의 습격을 받아 알제리로 끌려간다. 그곳에서 5년간 포로 생활을 마치고 귀국한 그는 근근이 세금징수원으로 살아가지만 다시 억울한 누명을 쓰고 감옥에 갇힌다. 이때 감옥에서 쓴 소설이 《돈키호테》다. 그의 나이 58세 때였다. 그는 감옥에서 꿈을 꾸었고, 그 꿈의 기록이 '돈키호테'다. 그리고 그는 400년이 지나 인류 최고의 작가가 됐다.

"운이라는 것은 불행 속에서도 빠져나갈 문을 항상 열어놓지. 불행을 해결하라고 말일세."

《돈키호테》의 한 대목이 떠오른다.

○

운이라는 것은
불행 속에서도 빠져나갈 문을 항상 열어놓지.
불행을 해결하라고 말일세.

황하도 작은 물줄기를 마다하지 않아 큰 강이 됐다

진시황이 중국을 통일하기 이전 대륙은 모략과 갈등으로 점철되어 있었다. 제후들은 천하를 차지하기 위해, 혹은 다른 제후에게 점령되지 않기 위해 날만 새면 전쟁을 벌였다. 그들은 근사한 명분을 내세웠지만 전쟁의 가장 큰 피해자는 백성들이었다. 살육과 기아의 공포에 떨던 대륙에 한 명의 사상가가 등장한다. 묵자墨子다. 그는 "굶주린 자가 먹지를 못하고, 추운 자가 옷을 얻지 못하며, 수고하는 자가 휴식을 취하지 못하는 것. 이 세 가지가 가장 큰 환난"이라고 외쳤다.

묵자에게 전쟁은 이 세 가지를 동시에 가져다주는 정치행위였다. 그는 입으로만 바른 정치를 논하는 위정자들에게 닥치고 전쟁이나 그만하라고 외친다. 묵자는 비슷한 시기를 살았던 공자나 맹자와는 아주 다른 사상을 들고 중원에 나왔다.

목공 노동자 출신이었던 그는 깨달음이나 수양을 중시하는 신비주의적인 사상에 반기를 들었다. 올바른 세상은 실천에서 나온다는 것이 그의 생각이었다.

"나무로 만든 솔개는 나무 수레만 못하다."

묵자가 남긴 유명한 말이다. 아무리 멋진 솔개를 만들어봐야 배고픈 백성에게는 아무 의미가 없다는 이야기다. 나무가 있다면 이왕이면 수레를 만들어야 한다는 말이다. 묵자는 백성에게 가장 유효한 이익을 가져다줄 수 있는 사람이 올바른 군주라고 믿었다.

"양자강과 황하는 작은 물줄기를 마다하지 않았기 때문에 큰 강이 될 수 있었다."

작은 실천 없이 큰 정치를 운운하는 건 묵자가 보기에는 한낱 공염불일 뿐이었다.

묵자가 내세운 사상의 핵은 겸애兼愛다. 겸애는 박애와 좀 다른데, 대상을 차별하지 않는 평등하고 무조건적인 사랑을 의미한다. 묵자의 겸애에는 공리주의적 성격이 들어 있다. 겸애는 아끼고 사랑하는 감정 상태만을 의미하는 것이 아니라 그 감정에서 비롯된 물리적 행위를 포함한다. 즉, 말로만 하면 사랑이 아니라는 이야기다. 이것은 세상을 물리적으로 이롭게 하는 것이 올바른 정치라는 결론에 도달한다. 직관을 중시한 공자와 달리 논리적 이성을 중시한 묵자는 유형화된 논리구조를 가지고 있었다. 그것이 삼표三表다. 말에는 반드시 세 가지 표준이 있어야 한다는 지침이다. 역사적 표본, 경험적 근거, 현실적 유용성이 그것이다. 옛날 성군들의 업적을 표본 삼아 직접 눈과 귀로 듣고 본 사실에서 근거를 찾고, 어떻게 시행하는 것이 국가와 백성의 이익에 부합하는지 살펴보라는 뜻이다.

묵자는 공자를 수장으로 하는 유가철학의 대척점에 서서 견고한 성을 쌓았다. 하지만 묵자의 사상은 긴 시간 동안 역사의 그늘에 묻혀 있었다. 한무제漢武帝가 "모든 제자백가들을 물리치고 유학만을 숭상한다"는 선언을 한 이후부터였다.

세월이 흘러 묵자가 다시 살아돌아온 건 그의 사상이 국민주권과 공동체를 중시하는 근대 민주주의의 기본 틀과 부합하기 때문이었다. 필자는 개인적으로 묵자의 가르침 중에 "말싸움에서 얻을 건 아무것도 없다"는 지침을 좋아한다.

묵자는 지면 기분 나쁘고 이기면 친구를 잃는 게 논쟁이라고 했다. 그는 논쟁하기 전 두 가지를 고려하라고 가르쳤다. 이긴다 해도 상대의 자존심을 짓밟고 얻어낸 승리이기 때문에 결국 상대를 적으로 만든다는 것이 첫째 고려사항이고, 따라서 결국 아무것도 개선改善하지 못한다는 것이 둘째로 고려할 점이라는 것을.

○

무슨 일이 있더라도
쓸데없이 논쟁하지 말라
지면 기분이 상하고
이기면 친구를 잃어버리는 것이
말싸움의 결말이다.

4장

행복을 찾는 법

같은 행성,
같은 시대에 살게 된 아름다운 확률

"광대한 우주 그리고 무한한 시간, 이 속에서 같은 행성, 같은 시대에 살게 된 놀라운 확률…. 내게 사랑의 느낌으로 다가온 기적 같은 당신에게 말하고 싶습니다. 사랑해도 될까요?"

시인이나 소설가가 쓴 감미로운 글처럼 보이지만 이 글은 세계적인 천문학자 칼 세이건Carl Sagan의 명저 《코스모스Cosmos》에 등장하는 말이다. 칼 세이건은 천문학을 인간의 눈높이로 끌어내린 과학계의 혁명아였다.

그의 삶은 비범했다. 그가 처음 천문학에 관심을 가진 건 네 살 때였다. 우크라이나 출신 이주 노동자였던 아버지의 어깨 위에 무등을 탄 세이건은 1939년 뉴욕 세계박람회장에서 '시간-미래의 시간'이라는 주제의 박람회를 본다. 세이건은 그날을 "나의 사고에 지대한 영향을 미친 하루였다"고 회고했다.

세이건을 우주라는 광대한 세상으로 인도한 근원에는 외계 생명체에 대한 관심이 있었다. 책벌레이자 천재였던 세이건은 외계 생명체를 주제로 한 논문만 300편을 발표했다. 세이건은 한술 더 떠서 1982년 사이언스지에 지구 외 문명 탐사를 위한 국제적인 노력을 촉구하는 기상천외한 탄원서를 발표한다. 세이건에게 설득되어 탄원서에 서명한 과학자들의 면면은 화려했다. 데이비드 볼티모어, 프랜시스 크릭, 스티븐 제이 굴드, 스티븐 호킹, 프레드 호일, 폴 맥린 등이 서명에 참여했다.

이 사건으로 세이건은 일약 유명인이 된다. 이를 계기로 세이건은 TV 시리즈 〈코스모스〉의 진행자가 됐다. 〈코스모스〉는 1980년 첫 방송이 나간 이후 전 세계 60개국 5억 명이 시청하는 초히트를 기록한다. 촬영 때마다 세이건은 〈코스모스〉를 〈스타워즈〉나 〈스타트랙〉처럼 만들려고 하는 방송국 담당자들을 상대로 과학이라는 본령을 지키기 위해 싸워야 했다. 시청자들은 세이건의 안내를 받으며 지구에 국한되어 있던 상상력을 우주로 확장했다.

우리에게 달나라에서 옥토끼가 방아를 찧고 있다는 설화가 있듯 전 세계 모든 문명권에는 우주에 대한 각기 다른 전설과 설화가 존재한다. 세이건은 이 모든 비과학의 설화들을 날려 보내고, 우리가 10조 개 별 중 하나인 '창백하고 푸른 지구'라는 행성에서 살고 있는 우주의 나그네임을 일깨워줬다. 터틀넥 니트에 황갈색 코르덴 재킷을 입고 나와 시적인 언어로 우주의 신비를 들려준 칼 세이건은 당시 할리우드 스타만큼 인기를 누렸다. 터틀넥 프레젠테이션의 원조는 스티브 잡스가 아니라 세이건이었다.

《코스모스》에는 이런 대목이 나온다.

"우리는 나그네로 시작했으며 나그네로 남아 있다. 인류는 우주의 해안에서 충분한 시간 동안 꿈을 키워왔다. 이제야 비로소 별들을 향해 돛을 올릴 준비를 끝낸 셈이다."

○

광대한 우주 그리고 무한한 시간,
이 속에서 같은 행성,
같은 시대에 살게 된 놀라운 확률….
내게 사랑의 느낌으로 다가온
기적 같은 당신에게 말하고 싶습니다.
사랑해도 될까요?

논리만으로
설명할 수 없는 신비가 있다

르포 작가로 발칸전쟁을 직접 목격한 미국의 시인이자 논픽션 작가 크리스토퍼 메릴Christopher Merrill은 큰 정신적 충격을 받는다. 눈뜨고는 볼 수 없는 참상 앞에서 그는 무기력에 빠진다. 죽어가는 사람을 위해 아무것도 할 수 없다는 현실이 두고두고 그를 괴롭혔다. 게다가 가정불화까지 겹쳐 이혼을 하게 된 그는 영적 순례를 떠나기로 결심한다. 지구상에서 가장 경건한 땅을 찾아 자신의 영혼을 정화하고 싶었던 것이다. 그가 고민 끝에 정한 목적지는 아토스반도다.

그리스 북부에 있는 아토스Athos는 세계에서 단 하나뿐인 수도원 자치공화국이다. 아토스는 그리스 보호령이기는 하지만 그리스 정부와는 별개의 사법과 입법 체계를 가지고 있다. 국제적으로 통용되는 정식 명칭은 아토스 성산 자치국Autonomous Monastic State of the Holy Mountain이다. 국가 전체가 동방정교 수도원들로 이루어진 이곳은 출입하려면 별도 입국 비자가 있어야 한다. 입국은 무척 까다롭다. 매일매일 극히 소수의 정해진 방문자에게만 비자를 발급하기 때문에 입국 자체가 하늘의 별 따기다.

예수가 황야에서 40일을 보낸 후 사탄에게 끌려와 자신에게 무릎을 꿇으면 "세상의 모든 나라를 주겠다"는 유혹을 받았던 곳이 바로 아토스 산이다. 지금 그 땅은 2,000미터가 넘는 영봉 아래 유혹 자체가 존재할 수 없는 무균 지대로 남아 있다. 1988년 유네스코가 이 일대를 세계문화유산으로 지정하면서 고립무원의 성지는 굳건히 유지되고 있다.

아토스는 여성의 출입이 무조건 금지된다. 심지어 동물도 암컷은 입국할 수 없다. 아토스 안에서는 노래를 부르거나 물속에 들어가거나 육식을 하거나 허락 없이 사진을 찍거나 하는 행위도 모두 금지다. 오로지 신만을 경배하는 땅인 셈이다.

아토스로 떠난다는 소식을 들은 친구가 메릴에게 물었다.

"아토스 산에서 무엇을 하려는 것인데?"

"그냥 걷고 기도하려고."

그는 그렇게 아토스 땅을 걸었고 그 경험담을 《숨은 신을 찾아서Things of the Hidden God》라는 책에 담았다.

아무도 배부르게 먹지 않는 곳, 편한 침대도, 아름다운 여인도, 재화를 얻기 위한 경쟁도 없는 땅. 유희라는 이름의 모든 것과 담을 쌓고 수백 년 된 어두컴컴한 수도원에서 평생을 기도로 보내는 수행자들을 바라보며 메릴은 고뇌에 빠진다. 그리고 깨닫는다. 세상에는 논리만으로는 설명할 수 없는 신비가 있음을.

"나는 시와 영적인 문제를 논할 때는 신비를 찬양했으면서도 부부 싸움을 하면서는 논리만을 따지려 했다. 나는 그저 내가 옳다는 것을 증명하려 했을 뿐이다. 논리라는 암초에 부딪혀 우리의 결혼은 침몰에 이르렀다."

아토스에서 메릴은 시가 그러하고 믿음이 그러하듯, 사랑도 결국 눈에 보이지 않는 것을 함께 바라보는 것이라는 사실을 알게 된다. 그는 계산할 수 있고 측정할 수 있는 것들만 가지고는 어떤 갈등도 해결할 수 없다는 걸 깨달은 것이다. 결국 메릴은 눈에 보이는 것만을 전부라고 생각하는 현대적 인식에 의문 부호를 던진다.

"삶은 보이지 않는 곳을 바라보는 것이다. 보이는 것은 잠시지만 보이지 않는 것은 영원하기 때문이다."

그렇다. 아토스는 보이는 것이 아니라 보이지 않는 것을 바라보는 법을 가르쳐 주는 곳일지도 모른다. 그곳에 가보고 싶다.

○

삶이라는 것은
보이지 않는 곳을 바라보는 것이다.
보이는 것은 잠시지만
보이지 않는 것은 영원하기 때문이다.

미운 사람도 사랑할 수 있다
단 대가를 치러야 한다

"세상에 있는 힘을 모두 합한다고 해도 미워하는 사람을 사랑하는 사람으로 바꿀 수는 없어요. 미워하는 사람을 노예로 만들 수는 있지만, 그를 사랑할 수는 없어요."

아모스 오즈Amos Oz의 소설 《유다Judas》에 나오는 구절이다. 이 문장처럼 극도로 미워하는 사람을 사랑한다는 건 도를 닦는다고 해도 쉽지 않은 일이다. 하지만 오즈는 결국 화해를 이루어낸다.

매년 노벨문학상 유력 후보로 가장 많이 거론됐던 오즈는 이스라엘 사람이다. 그는 증오가 넘치는 땅에서 문학을 해온 작가답게 모든 작품에서 혐오와 화해라는 주제를 다룬다.

그의 다른 소설 《물결을 스치며 바람을 스치며Touch the Water Touch the Wind》는 서로 증오할 수밖에 없는 자리에 서게 된 부부 이야기다.

제2차 세계대전이 일어나고 유대인 탄압이 시작되던 무렵 폴란드. 유대인 수학자인 엘리샤 포메란스는 독일군 추격을 피해 마을을 떠난다. 그러나 그의 아내 스테파는 남겠다고 고집을 부린다. 낭만적인 몽상가였던 그녀는 전쟁을 현실로 받아들이지 않는다. 그녀는 모든 문과 창문을 닫아걸고 마티스의 그림과 아프리카 전사 조각 그리고 샴고양이 두 마리와 함께 고향에 남는다. 잠시만 헤어져 있자고 시작한 이별은 역사의 물줄기를 따라 길게 이어진다.

광기 어린 전쟁이 끝나고 포메란스는 우여곡절 끝에 이스라엘에 정착해 시계를 수리하고 양 떼를 돌보면서 평화로운 삶을 살아간다. 하지만 스테파는 러시아 비밀조직 수장이 되어 곳곳의 분쟁과 음모에 관여하는 인물로 변모한다. 전쟁 후 폴란드는 러시아의 위성국가가 되고 우연한 계기로 스테파를 만난 스탈린이 그녀에게 매력을 느끼면서 예상치 못한 운명의 장난이 시작된 것이다. 너무나 멀리 가버린 두 사람은 이스라엘에서 재회한다. 두 사람이 화해하는 장면이 인상적이다.

"개울의 둑에서 만난 둘은 말을 하지도, 생각을 비교하지도, 편지나 선언문을 만들지도 않았다. 잠시 동안 그들은, 서로 다른 두 가지 악기로 똑같은 유대인의 멜로디를 연주했다. 그런 다음 그들은 악기를 교환하고 또 다른 비슷한 멜로디를 연주했다. 미풍도 없었다. 밤은 고요했다. 그렇게 그들은 멜로디를 교환했다."

사소하다고 볼 수도 있는 추억의 멜로디 하나가 두 사람의 화해를 이끈 것이다.

오즈는 이데올로기나 정치적 메시지에 매몰되지 않는다. 오로지 인간에 대해서만 이야기한다. 그의 작품 속에서 불행했던 인간의 모든 과거사는 평화를 위한 대가로 받아들여진다. 단 전제가 하나 있다. 그 대가는 앞으로는 다시 치러져서는 안 된다는 것이다.

○

개울의 둑에서 만난 둘은 말을 하지도,
생각을 비교하지도,
선언문을 만들지도 않았다.
그들은 서로 다른 두 가지 악기로
똑같은 멜로디를 연주했다.
미풍도 없었다. 밤은 고요했다.
그렇게 그들은 멜로디를 교환했다.

친절은 섹스보다 즐겁고, 어떤 질병보다 빨리 전염된다

'세계친절운동World Kindness Movement'이라는 국제단체가 있다. 단체는 2011년 흥미로운 연구 결과를 발표했다. 난치성 질환인 다발성 경화증 환자 72명 중 다섯 명을 골라 다른 환자들을 도와주도록 했다. 하루에 한 번 15분 동안 전화를 걸어 상대방 이야기를 들어주면서 정신적 위안을 주는 것이었다. 3년이 지난 후 드러난 실험 결과는 놀라웠다. 도움에 참여한 세 명의 환자가 그렇지 않은 환자들보다 삶의 질이 일곱 배나 높았다.

같은 고통 속에 놓여 있는 환자라도 남들 돕는 데 참여한 사람이 훨씬 행복했던 것이다. 세계친절운동이 말하는 '친절은 섹스보다 즐겁고 어떤 질병보다 전염이 잘된다'는 주장이 확인된 셈이다.

미국의 행동하는 지식인이자 사회운동가인 리베카 솔닛Rebecca

Solnit은 인간의 이타성에 주목한다. 인간은 이타적인 본성을 지닌 존재라는 것이다. 이타성을 실천하는 순간 스스로 행복해지기 때문에 이 본능은 대를 이어 유전자에 각인된 채 인류를 유지시키는 큰 힘으로 작용하고 있다는 이야기다. 이것은 인간은 생존만을 위해 진화한 이기적 생명체에 불과하다는 다른 진화생물학자들의 주장과 상반된다.

사실 솔닛의 주장을 뒷받침하는 사례는 많다. 9·11 테러가 났던 날. 시각장애가 있는 콜롬비아계 이민자인 마리아 로페스는 쌍둥이빌딩 앞에서 신문가판대를 운영하고 있었다. 로페스는 갑자기 주변이 소란스러워지고 땅이 흔들리는 걸 느꼈고 뭔가 심상치 않은 일이 일어났음을 직감했다. 공포스러웠지만 시각장애인인 그는 대응할 수가 없었다. 그 순간 낯선 여인 두 명이 그의 팔을 잡아끌었다. 그의 귀에 이런 외침이 들려왔다.

"당신 혼자 놔둘 수는 없어요. 우리가 도울게요."

이런 장면은 여기저기에서 연출됐다. 여기저기 폭발음이 들리고 파편들이 날아다니는 아수라장에서 젊은이들은 소방관을 도와 소방호스를 잡아당기고 있었고, 긴급차량들이 드나들도록 시민들은 자발적으로 교통정리를 했다. 박봉에 시달리던 민간 경비업체 경비원들은 단 한 명도 도망가지 않고 사태 수습에 뛰어

들었다.

당시 쌍둥이빌딩에 있다가 구조된 금융전문가 애덤 메이블럼은 이렇게 회상한다.

“연기와 먼지 때문에 아무것도 볼 수 없었다. 우리는 앞사람의 어깨에 손을 얹고 건물을 빠져나왔다. 테러리스트들은 우리를 공포의 도가니로 몰아넣지 못했다. 우리는 침착했다. 민주주의는 승리했다.”

솔닛은 “재앙 속에서 인간은 오히려 더 성숙한 모습을 보여준다”고 말한다. 그는 대부분의 사람은 갑작스러운 폐허 앞에서 더 본질적인 무엇인가를 응시하게 되며, 그 결과 이타주의라는 긍정적인 인간 본성이 발현된다고 말한다. 이 이타주의는 인간이 자발적인 공동체를 형성하고 사태에 대응할 수 있게 만든다.

친절하자. 우리는 모두 절실한 하루를 살고 있다.

○

우리는 아무것도 볼 수 없었다.
우리는 앞사람의 어깨에 손을 얹고
건물을 빠져나왔다.
테러리스트들은 우리를
공포의 도가니로 몰아넣지 못했다.
우리는 침착했다.
민주주의는 승리했다.

사랑에 빠지면
노벨상 작가도 트롯을 부른다

사랑은 평등하다. 나이가 많든 적든, 계층이 높든 낮든, 여성이든 남성이든 사랑은 사람들의 가슴 한복판에 구멍을 낸다. 사람들은 '사랑' 앞에서 이성이 마비되는 대가를 치른다. 때로는 바보가 되고, 때로는 욕망의 화신이 되고, 또 때로는 혁명가처럼 무모해진다. 다음 문장을 보자.

"그와 함께 있던 어느 날 오후, 펄펄 끓는 물이 들어 있는 커피포트를 잘못 내려놓는 바람에 거실의 카펫을 태워버렸다. 하지만 나는 아무렇지도 않았다. 오히려 불에 탄 자국을 볼 때마다 그 사람과 함께 보낸 열정적인 시간을 떠올릴 수 있어서 행복했다."

아끼는 카펫이 타버렸지만 하나도 아깝지 않다. 오히려 사랑의 징표 같아서 행복할 뿐이다. 이 문장은 2022년 노벨문학상을 받은 프랑스 소설가 아니 에르노Annie Ernaux의 소설 《단순한 열정

Passion Simple》의 한 부분이다. 체험하지 않은 일은 쓰지 않는다고 선언한 에르노답게 《단순한 열정》은 그의 자전적 고백이다. 외국인 유부남과 나눴던 강렬한 사랑의 기록을 담은 소설에서 '사랑'은 잘나가는 유명 작가이자 대학교수인 에르노를 가차 없이 휘젓고 지나간다. 에르노는 이렇게 말한다.

"작년 9월 이후로 나는 한 남자를 기다리는 일, 그 사람이 전화를 걸어주거나 내 집에 와주기를 바라는 일 외에는 아무것도 할 수 없었다."

이 소설이 출간되자 프랑스 문단이 떠들썩했다고 한다. 사랑에 대한 너무나 진솔하고 선정적인 묘사가 화근이었다. 그 이면엔 존경받는 프랑스 지식인 여성이 외국인 유부남과 사랑에 빠지고, 그것을 까발리는 고백 소설을 쓴 것에 대한 반발이 있지 않았을까 싶다.

어쨌든 이 소설의 백미는 사랑에 빠진 한 여자의 심리 묘사다. 솔직함을 넘어 잘 그린 세밀화를 만나는 기분을 들게 한다. 클래식을 좋아하는 대학교수였던 그는 사랑에 빠지면서 유행가를 좋아하게 된다. 때로는 지하철역에 멍하니 서서 남자 친구를 생각하다 전철을 몇 번이나 놓치고, 그 남자가 고작 5분 정도 눈길을 줄 구두와 스타킹을 새로 사는 데 집착한다. 소설에선 이런 자극적인 구절도 눈에 띈다.

"박물관에서도 사랑을 표현한 작품만 눈에 들어왔다. 남자의 나체상에 마음이 끌렸다. 그것들을 보며 A의 몸을 떠올렸다."

에르노가 지식인의 위선을 버리고 정직함을 선택한 데는 성장기 경험이 개입된 것으로 보인다. 그는 유년 시절과 청소년기를 노르망디의 소읍에서 보냈다. 에르노의 부모는 노동자로 지내다가 나중에 가게를 차려 소박한 삶을 살았다. 그는 술에 취한 노동자들 틈에서 자랐다. 각고의 노력 끝에 입신양명해서 중산층 엘리트 계급에 안착했지만 그의 핏속에는 노동자들이 불렀던 대중가요가 흐르고 있었다. 사랑에 빠지면 점잖음 따위는 내던지던 노르망디 시골 사람들의 연애사가 그의 원체험 속에 녹아 있었던 것이다. 사랑은 상스럽고 치명적인 것이다.

○

그와 함께 있던 어느 날 오후,
커피포트를 잘못 내려놓는 바람에
거실의 카펫을 태워버렸다.
하지만 나는 아무렇지도 않았다.
오히려 불에 탄 자국을 볼 때마다
그 사람과 함께 보낸 열정적인 시간을
떠올릴 수 있어서 행복했다.

누가 뒤통수를 치거든 경험이 하나 늘었다고 생각하라

현대판 마키아벨리라 불리는 로버트 그린Robert Greene의 책《인간 본성의 법칙The Laws of Human Nature》은 아르투어 쇼펜하우어의 말을 인용하는 것으로 시작한다.

"뜻밖에 아주 야비하고 어이없는 일을 당하더라도 그것 때문에 괴로워하거나 짜증 내지 마라. 그냥 지식이 하나 늘었다고 생각하라. 인간의 성격을 공부해가던 중에 고려해야 할 요소가 새로 하나 나타난 것뿐이다. 우연히 아주 특이한 광물 표본을 손에 넣은 광물학자와 같은 태도를 취하라."

인간은 이기적이다. 그래서 타인은 지옥이다. 하지만 인간은 인간이 없는 곳으로 도망치지는 못한다. 왜냐고? 타인과 눈을 맞추지 못하면 우리는 스스로의 존재 이유를 잃어버리기 때문이다. 싫든 좋든 인간은 섞여 살아갈 수밖에 없는 존재다.

그린은 "인간이 이성적이라는 헛된 낭설과 이별하라"고 말한다. 인간은 근본적으로 비이성적이다. 인간은 욕망과 감정의 지배를 받는 이기적 동물이다. 생존이라는 대전제 아래 500만 년 동안 진화한 결과다.

군대 시절 박사 학위까지 받은 사람이 입대한 지 불과 일주일 만에 숨겨놓은 과자를 조교에게 빼앗기고 서럽게 울던 모습을 본 적이 있다. 사이좋던 이웃 남매가 몇 푼 안 되는 아버지의 유산을 놓고 원수처럼 소송을 벌이는 것을 본 적도 있다. 인간은 그런 존재다. 그러나 어쩌랴. 우리는 그런 인간들 사이에서 살아가야 한다. 그린의 가치는 바로 이 지점에서 발휘된다.

캘리포니아대와 위스콘신대에서 고전학을 전공했고 할리우드에서 스토리 작가로 일한 그린은 역사 속 인물과 사건에서 인간의 본성을 찾아내 현대에 대입한다. 그는 인간관계를 지배하는 욕망과 권력을 추구하는 인간 심리를 다루는 데 독보적이다.

그린이 제시하는 인간들과 어울려 잘 살아가는 해법은 간단하다. 그는 인간이 가진 연극적 요소를 인정하라고 말한다. 인간은 언제 어디서 누구와 어떻게 있느냐에 따라 태도가 달라지는 동물이다. 심지어 같이 있는 사람이 몇 명이냐, 남자냐 여자냐, 키가 크냐, 뭐 이런 것들에 따라서도 행동이 달라진다.

"누가 역할 놀이를 하거나 가면을 쓴다고 해서 도덕적 잣대를 들이대거나 격분해서는 안 된다. 우리의 목표는 삶이라는 무대에서 내가 맡은 역할을 완벽한 기술로 연기하는 것이다. 그래서 우리는 사람들의 겉모습을 실제라고 착각해서는 안 된다."

맞다. 인간은 연기자다. 우리는 어린 시절부터 내가 원하는 것을 부모에게서 얻기 위해 동정심이나 애정을 유발하는 표정을 짓는다. 자신을 보호하기 위해 감정이나 생각을 숨기는 방법을 자연스럽게 익히며, 원하는 무리에 들어가기 위해서는 어떤 모습을 보여야 하는지 금방 알아챈다.

그렇다면 그린은 왜 이렇게 인간의 민낯을 파헤칠까. 그는 "인간 본성의 법칙을 알면 삶에 대해 겸손해질 수 있다"고 말한다. 나와 남의 본성을 인정하고, 같이 어울려 살 수밖에 없다는 걸 겸손하게 인정할 때 그나마 행복에 가까워진다는 이야기다.

○

누가 역할 놀이를 하거나
가면을 쓴다고 해서
도덕적 잣대를 들이대거나 격분해서는 안 된다.
우리의 목표는 삶이라는 무대에서
내가 맡은 역할을 완벽하게 연기하는 것이다.

알베르 카뮈의
영적 스승이 발견한 생의 비밀

1930년. 프랑스 식민지였던 알제리의 수도 알제 빈민가에 있는 한 고등학교에서 스승과 제자가 만난다. 뛰어난 철학자였지만 생계 때문에 교사 일을 해야 했던 스승은 회의주의자였고, 폐결핵과 무릎 통증으로 축구선수를 포기한 제자는 실의에 빠진 반항아였다. 서른네 살의 스승은 열일곱 살 제자에게 불현듯 글쓰기를 제안했다. 그날부터 두 사람의 문학적 소통이 시작됐다. 둘은 서로에게 때로는 동지로, 때로는 견제자로 평생을 교유했다.

스승은 장 그르니에Jean Grenier, 제자는 알베르 카뮈Albert Camus다.

장 그르니에는 '카뮈의 철학교사'라는 별칭만으로 세상에 알려지기에는 좀 아까운 사람이다. 장 그르니에는 파리에서 출생해 브르타뉴에서 청소년기를 보내고 1922년 철학교원자격시험에 통과해 스승으로서의 이력을 시작한다. 젊은 시절 알제, 나폴리,

카이로, 파리 등지를 돌아다니며 철학교사를 했고 중년 이후에는 소르본대학 미학·예술학 교수를 지냈다. 그는 뛰어난 저술가이자 잡지 편집자이기도 했는데 그가 관여한 잡지들은 당시 프랑스 지성의 상징물들이었다.

장 그르니에의 글은 독창적인 감수성으로 유명하다. 한국에서 가장 널리 읽힌 책은 산문집 《섬Les Îles》이다. 이 책에는 알베르 카뮈가 쓴 발문이 들어 있다.

"길거리에서 이 조그만 책을 펼치고, 그 첫 줄을 읽다 말고는 다시 접어 가슴에 꼭 껴안고, 마침내 아무도 보는 이 없는 곳에 가서 미친 듯이 읽고 싶다. 오늘 처음으로 《섬》을 펼쳐보는 낯모르는 젊은이를 뜨거운 마음으로 부러워한다."

카뮈가 헌사를 바친 산문집 《섬》은 여덟 편의 철학적 에세이로 이루어진 책이다. 지적이고 신비스럽지만 거창하고 난해한 이야기를 늘어놓지는 않는다. 한 마리 개의 죽음, 작은 해변도시 꽃이 가득 피어 있는 테라스, 지중해 해변가의 무덤. 이런 것들이 글의 소재들이다. 장 그르니에는 평범하고 일상적인 것들에서 생의 비밀을 발견한다.

"나는 혼자서 아무것도 가진 것 없이, 낯선 도시에 도착하는 것을 수없이 꿈꾸어보았다. 그러면 나는 겸허하게 아니 남루하게 살 수 있을 것 같았다. 무엇보다 그렇게 되면 '비밀'을 간직할 수 있을 것 같았다."

꿈꾸는 듯한 그의 글은 마치 비밀스러운 경전처럼 펼쳐진다. 멀리 보이는 점점이 떠 있는 섬들, 지중해의 햇살에 졸고 있는 강아지, 미풍에 펄럭이는 빨래. 이런 풍경들이 그려지는 골목에서 그는 삶의 아포리즘을 길어올린다.

"그 골목이 직각으로 꺾이는 지점에 이를 때면 강렬한 재스민과 리라꽃 냄새가 내 머리 위로 밀어닥치곤 했다. 꽃들은 담장 너머에 있어 보이지 않았다. 그러나 나는 꽃 내음을 맡기 위해 오랫동안 발걸음을 멈춘 채 서 있었고, 나의 밤은 향기로 물들었다. 자기가 사랑하는 그 꽃들을 아깝다는 듯 담장 속에 숨겨두는 사람들의 심정을 나는 이해할 수가 없었다."

장 그르니에는 "짐승은 즐기다가 죽고, 인간은 경이에 넘치다가 죽는다"고 말했다. 그는 태생적으로 경이驚異를 볼 수 있는 사람이었다. 그렇다. 경이는 크고 위대한 것들에만 있지 않다. 보도블록 사이에 얼굴을 내민 작은 풀 한 포기는 얼마나 경이인가. 우리를 얼마나 살고 싶게 하는가.

○

나는 혼자서 아무것도 가진 것 없이,
낯선 도시에 도착하는 것을
수없이 꿈꾸어보았다.
그렇게 되면 '비밀'을
간직할 수 있을 것 같았다.

철학자 아버지와
티베트 승려 아들의 대화

"인류가 이룩한 역사상 가장 놀라운 지적 모험에 동참하지 않고 너는 왜 히말라야로 갔느냐?"

프랑스의 저명한 철학자 장프랑수아 르벨Jean-François Revel은 아들 마티유 리카르Matthieu Ricard를 용서할 수 없었다. 파스퇴르연구소의 촉망받는 분자생물학자였던 아들이 어느 날 갑자기 서구문명을 버리고 히말라야 산속으로 들어가 승려가 된 것을 그는 도무지 이해할 수 없었다.

20년이라는 시간이 흐른 어느 날 아버지와 아들은 히말라야 산중에서 마주 앉는다. 아들은 아버지 질문에 답을 한다.

"과학이 생명의 기원과 우주의 형성에 어느 정도 지적 성과를 낸 것은 사실입니다. 하지만 그것들이 인간이 느끼는 행복과 고통의 근원적 메커니즘을 밝혀낼 수 있습니까?"

두 사람의 대화는 아버지와 아들이라는 사적 관계를 넘어 서양과 동양, 무신론과 유신론, 과학과 종교, 삶과 죽음이라는 대립되는 화두를 붙잡고 열흘 동안 계속된다. 그들의 대화가 담긴 책이 《승려와 철학자Le Moine et Le Philosophe》다.

아버지가 묻는다.

"구도자의 삶과 과학자의 삶을 함께 영위할 수도 있지 않았느냐?"

리카르의 답은 명확하고 심오했다.

"생물학은 제가 없어도 잘 돌아갑니다. 연구원들은 넘칩니다. 저는 제 삶의 잠재력이 잘 사용되지 못한 채 부서지고 있다는 느낌을 받았습니다. 그래서 지금껏 단 한 번도 후회한 적 없는 결단을 내렸습니다. 제가 있고 싶은 곳에 있기로 결심했습니다."

둘의 대화는 점점 깊어진다. 무신론자인 아버지는 사랑하는 가족과 잘 익은 포도주 그리고 빛나는 현대문명을 등진 아들이 여전히 안타깝다. 아들은 그런 아버지에게 이렇게 말한다.

"지식인이었던 아버지 덕분에 어린 시절부터 당대 유명한 예술가와 문인들을 옆에서 지켜봤습니다. 하지만 그럴수록 '진정한 앎은 무엇일까?' 하는 의문이 들었습니다. 그들의 '삶'은 그들의 '앎'과 일치되어 보이지 않았습니다. 하지만 우연히 영화에서 본

티베트 고행승의 모습에선 두 가지가 일치되어 있었습니다."

리카르는 책 《승려와 철학자》가 출간되고 10여 년 시간이 흐른 2012년 한국을 방문한다. 그때 리카르는 기자들에게 이런 말을 했다.

"사는 동안 줄곧 세속적인 목적만을 추구한다면 행복에 도달할 가능성은 없습니다. 마치 물이 모두 말라버린 강에 그물을 던지는 것과 같죠. 행복은 마음속에서 만드는 것입니다. 단지 기분이 좋은 상태가 아니라 나의 진짜 본성과 삶이 조화를 이루게 하는 것, 그것이 행복입니다. 인간은 누구나 그렇게 할 수 있는 잠재력을 지니고 있습니다."

의심 많은 필자에게 리카르의 말이 와 닿은 건 그가 유명한 승려이기 때문만은 아니었다. 그는 세상에서 가장 행복한 사람으로 공인된 인물이다. 리카르는 미국 위스콘신대 임상시험 결과 긍정적 감정과 관련된 뇌의 전전두피질 활동 수치가 일반인보다 훨씬 높은 것으로 측정됐다. 위스콘신대는 그를 현대과학으로 증명할 수 있는 한 '가장 행복한 사람'이라는 수식어를 부여했다. 그가 던진 문장 하나가 지금도 머릿속을 맴돈다.

"현대인들은 자기가 자기 마음을 움직일 수 있다는 걸 믿지 않는 것 같아요."

○

목적만을 추구한다면
행복에 도달할 가능성은 없습니다.
마치 물이 모두 말라버린
강에 그물을 던지는 것과 같죠.

나무아미타불만 외워도
누구나 극락에 갈 수 있다

8세기 신라불교는 귀족화되고 있었다. 이차돈의 순교를 비롯해 커다란 난관을 거치며 들어온 불교였지만 교세가 급속도로 커지면서 초심을 잃어가고 있었다. 주로 왕실과 귀족 출신들이 승려가 됐고 그들은 국가가 보호하는 대형 사찰에서 호화로운 생활을 하고 있었다.

그 무렵 기괴한 행색의 승려 하나가 가난한 백성들이 사는 마을을 돌아다니며 "나무아미타불만 외워도 누구나 극락에 갈 수 있다"는 말을 하고 다닌다는 소문이 돌았다. 그는 백성들에게 귀족이 아니어도, 글을 읽을 줄 몰라도 정토淨土에 도달할 수 있다는 희망을 심어주고 있었다. 그가 바로 원효元曉다. 그는 두 가지 사건을 거치며 깨달음을 향해 나아갔다고 전한다.

첫 번째 사건은 귀족 출신인 원효가 화랑도에 참여했을 때 일어난다. 당시는 신라, 고구려, 백제가 끊임없이 크고 작은 전쟁을 하고 있을 때였다. 화랑으로 전쟁에 참여한 원효는 연전연승을 거두며 명성을 쌓아가고 있었다. 그러던 어느 날 절친했던 벗이 전사하는 일이 벌어진다. 친구의 복수를 다짐하던 원효의 머릿속에 한 가지 생각이 스쳐간다.

"내가 적군의 목을 베고 좋아하고 있을 때, 저쪽에서 누군가는 친구를 잃고 비통해하고 있었겠구나."

이기고 지는 것의 허망함을 깨달은 원효는 출세가도와 명예를 버리고 불가에 입문한다.

두 번째 변곡점은 그 유명한 '해골물' 사건이다. 661년 원효는 가까운 도반이었던 의상과 함께 당나라 유학길에 오른다. 당나라는 현장법사를 중심으로 불교가 융성하고 있었다. 길을 가던 둘은 날이 저물자 동굴에 들어가 쉬게 된다. 원효는 캄캄한 동굴에서 바가지에 담긴 물을 맛있게 마신다. 다음날 아침 그 물이 해골에 담긴 물이었음을 알게 된 원효는 즉시 발길을 남쪽으로 돌린다.

"삼계三界가 오직 마음이요, 모든 현상은 오직 인식일 뿐이다. 이미 마음에 다 있는데 어디서 무엇을 따로 구하랴. 나는 당나라에 가지 않겠다."

물은 어제 그 물이 분명한데, 어제 다디달았던 물이 오늘은 구역질로 다가오는 것을 경험하며 원효의 머릿속에는 섬광이 스쳐 지나간다. "결국 모든 것은 마음에 달렸다"는 일체유심조一切唯心造 사상이 탄생하는 순간이었다.

유학을 포기한 원효는 절을 나와 세상 속으로 들어간다. 저잣거리에서 백성들과 뒤엉키며 불법을 전했고, 엄청난 저술을 시작한다. 《금강삼매경론金剛三昧經論》, 《대승기신론소大乘起信論疏》 등 그가 남긴 저술은 90종 240여 권에 이른다. 원효는 한 명의 승려이자 당대 동아시아를 대표하는 대학자였다. 분쟁이 일반화된 한국사회에서 새삼 주목받고 있는 화쟁사상和諍思想은 원효의 대표적인 가르침이다. 화쟁은 '다툼을 화해시킨다'는 의미인데 이것은 "같은 것도 없고, 다른 것도 없다"는 '비일비이非一非異'에서 나온다.

"대소승법이 모두 보배로운 것이다. 옷을 깁기에는 작은 바늘이, 돗자리를 꿰맬 때는 큰 바늘이 더 좋다. 작은 새의 행복은 산기슭에 있고, 피라미의 보금자리는 여울물인 것을."

세상의 이치가 하나가 아니라는 걸 인정하는 것. 그것이 원효가 말한 화쟁의 근본이었다.

○

삼계가 오직 마음이요,
모든 현상은 오직 인식일 뿐이다.
이미 마음에 다 있는데
어디서 무엇을 따로 구하랴.

열정과 몰입이 있어야 삶은 드라마가 된다

책을 펴낼 때 가장 힘든 순간이 머리말을 쓰는 순간이다. 짧은 분량에 책 전체를 아우르는 많은 이야기들을 담아야 하기 때문이다. 책의 대략적인 내용, 쓰게 된 계기, 책의 의미에서부터 다른 책들과의 차별성, 도움을 준 사람들에 대한 인사까지 담아야 한다. 몇 년 전 필자는 자전적 에세이 《너에게 시시한 기분은 없다》를 출간했다.

이 책의 머리말을 쓸 때 근본적인 고민에 빠져들었다. 도대체 나는 왜 내 사적인 고백을 한 권의 책으로 내려고 하는가? 이런 질문을 스스로에게 던졌다.

그때 떠오른 인물이 빌라야누르 라마찬드란Vilaynur S. Ramachandran이라는 세계적인 뇌과학자다. 그가 슈테판 클라인과 나눈 대담이 실린 《우리는 모두 별이 남긴 먼지입니다Wir alle sind Sternenstaub》라는 책에는 이런 내용이 나온다.

"인간의 의식에서 개인적인 것이 차지하는 비율은 극히 낮습니다. 우리가 생각하고 느끼고 경험하는 것의 98% 이상은 우리가 문화로부터 물려받은 것들입니다. 나는 탁자가 무엇인지, 발가벗은 남자가 어떤 모습인지, 아인슈타인이 누구인지 압니다. 당신도 이 모든 것을 압니다. 내 의식의 2%만이 나의 것들입니다. 내가 죽으면 그 2%만이 사라집니다."

맞는 말이다. 뇌에 담겨 있는 인간의식의 대부분은 모든 인간이 동일하다. 라마찬드란이 말한 겨우 2%의 의식이 결국 인간의 차이를 만든다. 우리가 흔히 개성이라고 말하는 부분은 뇌의 2%에 불과하다.

그렇다. 필자는 자전적 에세이를 통해 나의 2%를 드러내고 싶었던 것이다. 나는 왜 군대에서 삼겹살보다 에스프레소가 더 그리웠는지, 나는 왜 검은색을 좋아하고 곱창을 먹지 못하는지. 이런 나의 2%를 에세이라는 형식을 빌려 고백했던 것이다.

라마찬드란은 인도에서 태어나 스탠리 의과대학에서 박사학위를 받고, 영국 케임브리지대에서 철학 박사학위를 받았다. 현재는 캘리포니아대 뇌인지연구소 소장과 솔크생물학연구소 생물학 겸임교수를 맡고 있다. 라호야의 신경과학연구소, 스탠퍼드의 첨단행동과학연구소 회원으로도 활동하고 있는 그는 '뉴스위크'가 뽑은 '21세기 우리가 주목해야 할 가장 중요한 100명'으로 선정되기도 했다. '라마찬드란 박사의 두뇌실험실'은 영국 채널 4와 미국 PBS에서 2부작 다큐멘터리로 제작된 바 있다.

그는 '행복이란 무엇인가'라는 질문에 이렇게 답한다.

"열정과 몰입이 행복을 가져다줍니다. 이것을 인도에서는 '라사Rasa'라고 부릅니다. 서양은 라사가 부족합니다. 무언가를 너무 열정적으로 추구하는 사람은 의심을 받습니다. 서양에서는 그냥 냉정하고 평균적인 태도를 최고로 칩니다. 평균을 향한 열정이 있을 뿐입니다. 몰입을 할 수 있어야 작은 자아에서 벗어나 자신의 삶이 큰 드라마라는 걸 깨닫는데도 말입니다."

○

열정과 몰입이 행복을 가져다줍니다.
무언가를 너무 열정적으로 추구하는 사람은
의심을 받습니다.
몰입을 할 수 있어야
작은 자아에서 벗어나
자신의 삶이 큰 드라마라는 걸 깨닫습니다.

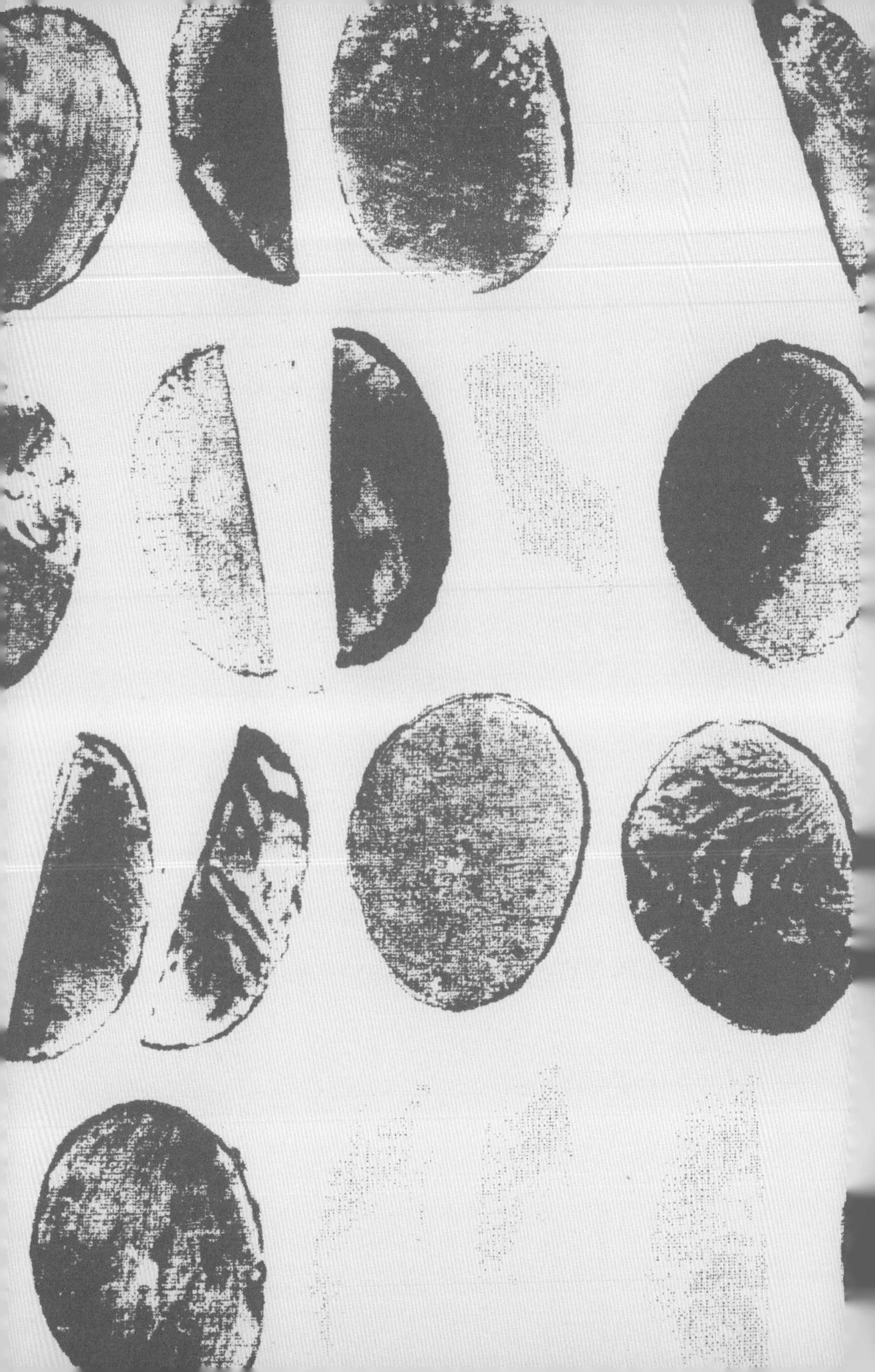

5장

죽음을
이해하는 법

불이 난 우주정거장에서
비행사가 마지막으로 한 말은?

인간으로 태어나서 가장 경이로운 경험을 한 사람은 누구일까? 아마도 우주비행사일 것이다. 지구 밖에서 지구를 본 그들은 신의 비밀을 훔쳐본 자들에 비견된다. 그래서일까. 우주비행사들이 남긴 글들에는 독특한 감동이 있다. 하지만 우주에서의 실제 생활은 혹독하다. 잠을 잘 때도 끈에 매달려야 하고 음식은 튜브로 빨아먹어야 한다. 마시는 물은 오줌과 땀을 분해해 만들어낸 것이고 중력이 없어서 몸이 5센티미터 정도 늘어나기 때문에 만성적인 척추 통증에 시달린다. 하루에 16번 뜨고 지는 태양 때문에 바이오리듬도 파괴되고 정전이나 화재, 우주선 충돌 등 돌이킬 수 없는 위험이 도사리고 있다. 무엇보다 큰 고통은 지구와 멀리 떨어져 있다는 고립감이다.

우주정거장 미르MIR에서 139일을 지낸 제리 리넨저Jerry Linenger

는 지구에 돌아가기 며칠 전 아들에게 이런 편지를 보낸다.

"내 마음속에는 네가 첫 걸음마를 떼었을 때 모습이 남아 있단다. 나는 네가 소파 끝을 잡고 혼자 간신히 일어나는 걸 지켜보았지. 기자들은 착륙한 후 내가 혼자 힘으로 걸어 나올지 들것에 실려 나올지를 궁금해하더구나. 나는 네가 보여준 걸음마에 대해 부끄럽지 않고 싶다. 네가 그랬듯 나는 걷든 기든 아무리 시간이 걸려도 내 힘으로 우주선에서 나갈 것이다."

리넨저가 쓴 책《우주정거장 미르에서 온 편지Letters from MIR》에는 두 가지 매력이 있다. 하나는 우리가 경험하지 못한 우주의 일상을 생생하게 만나볼 수 있다는 점이다. 또 하나는 가족에 대한 그리움을 담은 글이 주는 감동이다. 리넨저는 자칫 잘못하면 영원히 볼 수 없을지도 모르는 가족들에 대한 애틋함을 진솔하게 기록했다. 리넨저가 편지를 쓰기로 결심한 과정은 가슴이 뭉클하다. 그가 미르에 머문 지 얼마 되지 않았을 때 화재가 발생한다. 산소발생기에서 시작한 불길은 삽시간에 번졌고 방독면도 기능을 하지 못했다. 자욱한 연기 속을 헤매며 리넨저는 큰 소리로 외쳤다.

"여보 사랑해. 최선을 다하겠지만 그래도 실망시키게 된다면 미안해."

우여곡절 끝에 불길은 잡혔고 죽음의 문턱에서 돌아온 리넨저는 이렇게 말한다.

“내가 얼마나 사랑하는지 아들에게 말해주자. 삶에서 아빠가 중요하다고 여기는 것, 지지하는 것들이 무엇인지 아들에게 전해주자. 늦기 전에 말해주자.”

리넨저는 해군사관학교를 졸업하고 의학박사와 철학박사 학위를 땄다. 1992년 NASA 우주비행사로 뽑혀 1994년 디스커버리호를 타고 처음 우주로 나갔고, 1997년에 우주정거장 미르에 탑승했다.

그는 아들에게 자신이 본 경이로운 우주를 이렇게 설명한다.

“현재 목록에는 1,000만 개 이상의 별들이 올라 있어. 나는 잠시 쉬는 중에 하늘을 바라보며 생각해봤단다. 어떤 걸 1,000만 개나 기억하는 사람이 있을까? 우리 인간은 지적으로 진보하려는 데만 신경을 쓴 나머지 가만히 앉아서 세계의 경이를 즐기는 데는 인색한 게 아닐까?”

어디 시골로 가서 밤하늘의 별을 올려다보고 싶어진다.

○

현재 목록에는 1,000만 개 이상의 별들이 올라 있어.
나는 잠시 쉬는 중에 하늘을 바라보며 생각해봤단다.
어떤 걸 1,000만 개나 기억하는 사람이 있을까?
우리 인간은 지적으로 진보하려는 데만 신경을 쓴 나머지
가만히 앉아서 세계의 경이를 즐기는 데는 인색한 게 아닐까?

폴란드 여인이 만난 부처님

2018년 노벨 문학상 수상자인 폴란드 출신 올가 토카르추크 Olga Tokarczuk의 책을 읽다 보면 흥미롭고 매력적인 부분이 자주 발견된다. 특히 마음을 흔드는 구절은 불교사상이 완벽하게 이식된 부분들이다. 토카르추크가 불교에 대한 이해도가 높다는 것이야 널리 알려진 사실이지만 과연 이 정도구나 싶다. 토카르추크를 구성하는 사상의 기저 한복판에 불교적 세계관이 자리 잡고 있는 듯하다. 그가 한 언론 인터뷰에서 말한 내용이다.

"나는 늘 소우주와 대우주는 서로 뗄 수 없이 긴밀하게 연결되어 있다고 생각해왔다. 나이가 들수록 커다란 사건이나 현상들 속에 투영되어 있는 사소하고 일상적인 우리의 작은 흔적들이 더욱 선명하게 눈에 들어온다. 존재하는 모든 것이 다른 모든 것과 연결되어 있다는 발견(혹은 느낌)은 내 생애 가장 강렬하고 아찔

한 체험 중 하나다."

이게 무슨 말인가. 불교의 기본 원리인 연기법緣起法에 대한 완벽한 설명 아닌가. 여기서 그치지 않는다. 같은 인터뷰에서 토카르추크는 자신의 글쓰기에 이런 정의를 내린다.

"글을 쓸 때 내가 가장 중요하게 생각하는 건, 바로 다른 존재 혹은 다른 사람들과 교감하려는 시도다. 공감의 가능성, 바로 여기에 글쓰기의 본질과 매력이 있다. 어떤 인물을 창조하려면 '나'라는 인물에서 빠져나와 그 인물의 감정을 느껴야 하고 그의 눈으로 세상을 바라봐야 한다."

완전 동체대비同體大悲다. 토카르추크는 일체중생을 나와 한 몸으로 동일시하는 동체대비를 글쓰기에 적절하게 대입한다.

그의 글은 '에덴'이라는 이상향에 매달렸던 다른 서구 작가들과는 궤도가 다르다. 그는 끊임없이 인연을 이야기하고, 존재의 유동성을 이야기한다. 그러면서 세상의 모든 생명체, 더 나아가 우주에 속한 모든 존재가 결국 하나임을, 그래서 동일하게 존중받아야 함을 역설한다. 문학적 자비심이다.

토카르추크는 강대국 사이에서 부침을 겪은 폴란드 술레후프에서 태어났다. 바르샤바대에서 심리학을 전공했고 카를 융Carl Jung의 사상에 심취했으며 이 무렵 불교철학을 공부했다고 알려져 있다. 졸업 후 심리치료사로 활동하다가 글을 쓰기 시작해《방랑자들Bieguni》,《죽은 이들의 뼈 위로 쟁기를 끌어라Prowadź swój pług przez kości umarłych》 등으로 주목받았다. 그의 문학은 신화와 전설, 종교를 아우른다. 장르의 경계도 없다. 그는 소설가이자 시인이며 수필가이자 사회운동가다. 경계를 허물어버리는 토카르추크식 사고체계는 그의 문학을 돋을새김해준다.

토카르추크의 대표작《방랑자들》에는 이런 대목이 등장한다.

"살아 있다는 것은 삶을 벗어나서 존재하는 것은 아무것도 없다는 뜻이다. 그러므로 모든 죽음조차 삶의 일부다."

새로 태어나는 것도 죽는 것도 없다는 불생불멸不生不滅에 대한 완벽한 설명이다.

○

살아 있다는 것은
삶을 벗어나서 존재하는 것은
아무것도 없다는 뜻이다.
그러므로 모든 죽음조차 삶의 일부다.

비루한 죽음과 위대한 죽음의 차이는?

죽을 때가 되면 그 사람의 값어치가 드러나게 돼 있다. 깨달은 척하던 고승이 지질하게 마지막을 맞기도 하고, 채 스무 해도 못 산 청년이 자신의 장기를 나누어주면서 의연하게 삶을 정리하기도 한다.

현자의 마지막 모습으로 기억에 남는 것이 미국 경제학자이자 사회운동가였던 스콧 니어링Scott Nearing의 죽음이다. 안정된 대학교수 자리를 때려치우고 버몬트주의 숲속으로 들어가 자연인이 된 그는 80대 중반 무렵 스스로 죽음의 방식을 정한다. 스콧이 정한 30가지 '죽음 지침' 중 몇 가지를 소개해본다.

'나는 집에서 죽고 싶다', '나는 의사 없이 죽고 싶다', '나는 지붕이 없는 열린 곳에서 죽고 싶다', '나는 죽음의 과정을 느끼고 싶다. 따라서 어떤 진통제·마취제도 필요 없다', '내가 죽은 다음 주변 사람들은 슬픔이나 회한에 잠기지 마라', '내가 들어갈 나무 상자에는 어떤 장식도 하지 마라', '어떤 장례식도 해서는 안 된다', '나를 태운 재는 헬렌과 친구들이 거두어 스피릿만灣을 바라보는 나무 아래 뿌려주길 바란다.'

스콧은 100세가 되자 스스로 고형 음식을 끊고 주스만 마시며 죽음을 준비했다. 곧이어 주스를 끊고 물만 마셨으며 1983년 어느 여름날 임종을 맞았다. 그는 마지막 순간에 아메리카 원주민의 노래를 읊조렸다.

"나무처럼 높이 걸어라. 산처럼 강하게 살아라. 봄바람처럼 부드러워라."

옆에서 지켜보던 부인 헬렌이 "몸이 떠나도록 두세요. 썰물처럼 가세요. 같이 흐르세요. 당신은 훌륭한 삶을 살았어요"라고 말하자 스콧은 "좋아"라고 말하며 최후의 숨을 편안하고 길게 내쉬었다.

1883년 미국 탄광도시의 부유한 가정에서 태어난 스콧은 생계를 위해 노동에 시달리는 탄광촌 어린이들을 보며 사회 문제에 관심을 가진다. 스스로 기득권을 내려놓고 개혁의 길에 뛰어든 그는 펜실베이니아대 교수로 재직할 때까지 급진적인 이론가로 이름을 떨친다. 스콧은 40대 중반 무렵 대학 당국과의 갈등, 공산

당과의 의견 대립에 회의를 느끼고 버몬트주 시골 마을로 들어가 글 쓰는 농부로 생을 마감한다.

그의 자서전은 세계적인 스테디셀러다.

"살아야 한다는 것을 기정사실로 인정한다면, 우리는 질문을 멈추어서는 안 된다. 어디에서, 어떻게, 무엇으로, 무엇을 위해 살 것인가? 삶의 수단이나 목표가 비열하고 저급하다면, 그 인생은 살 만한 가치가 없으며 자존심을 유지할 수도 없다. 지식을 습득하는 데에도 올바른 동기가 밑바탕이 되어야 하며, 그렇게 얻은 지식이 생계수단이 되어야 한다."

많은 돈을 벌어서 세상을 돕는 방법도 있지 않느냐고 묻는 사람들에게 스콧은 "돈은 무조건 인간을 타락시키기 때문에 피해야 한다"고 답했다. 돈에 의존하기보다는 삶의 방식을 바꿔 의미 있고 행복한 세상을 만들 수 있다고 믿었던 그는 분명 이상주의자였다. 하지만 누구도 '그가 틀렸고 우리가 맞았다'고 말할 수는 없다.

○

살아야 한다는 것을 기정사실로 인정한다면,
우리는 질문을 멈추어서는 안 된다.
어디에서, 어떻게, 무엇으로, 무엇을 위해 살 것인가?
삶의 수단이나 목표가 비열하고 저급하다면,
그 인생은 살 만한 가치가 없다.

죄를 회개하고
구원받기를 원하는가?

영화의 첫 장면이 이렇다. 19세기 중반 미국의 한 신학교 교장이 학생들에게 묻는다.

"죄를 회개하고 구원받기를 원하는가?"

모든 학생이 구원받겠다고 대답하는 가운데 한 여학생이 이를 거부한다.

"나는 죄를 느낄 수가 없어요. 스스로 자각도 못하는 죄를 어떻게 회개하죠?"

2017년에 개봉한 테런스 데이비스 감독의 〈조용한 열정A Quiet Passion〉에 나오는 장면이다. 영화에서 교장의 질문에 당돌하게 맞선 여학생은 실존 인물이다. 그의 이름은 에밀리 디킨슨Emily Dickinson. 훗날 휘트먼을 뛰어넘는 이미지를 만들었다는 평가를 받는 여성 시인이다. 그는 평생 1,700여 편에 달하는 시를 썼지만 생존했을 때 단 일곱 편밖에 발표하지 않았다. 작품이 본격적으로 세상에 알려진 건 그가 죽고 60년쯤 지나 첫 시집이 출간되면서부터였다. 사람들은 그제야 깨닫는다. 그가 얼마나 힘들게 편견과 싸우며 골방에 숨어 수정 같은 이미지를 만들어냈는지를….

한 인간이 정신을 확장하는 방법에는 두 가지가 있다. 세상에 나가 싸우는 것, 아니면 문을 완전히 닫아거는 것. 디킨슨은 문을 닫아걸고 우주를 본 여인이 아니었을까. 단 네 줄짜리 시 〈사랑이란 존재하는 모든 것That Love Is All There Is〉을 보자.

사랑이란 이 세상의 모든 것
우리가 사랑에 대해 알고 있는 모든 것
이거면 충분하지, 하지만 그 사랑을 우린
자기 그릇만큼밖에는 담지 못하지.

디킨슨은 칼뱅주의자들이 모여살던 매사추세츠주 애머스트에서 태어났다. 감수성이 풍부했던 그는 자연의 섭리를 사랑했으며, 독서를 좋아했다. 하지만 자신의 뜻대로 생을 살수 없는 여성의 운명에 절망한다. 그는 적당한 나이에 결혼하고, 아이를 낳고, 평생 일만 하다 그림자처럼 사라지는 삶을 살지 않기로 결심한다. 그는 대신 고독을 선택한다. 디킨슨은 평생 동안 거의 애머스트를 떠나지 않았다. 아버지를 비롯한 가족들과만 소통하면서 스스로 세상을 향한 문을 닫아버렸다.

그런데 놀라운 건 문을 닫아걸고 써 내려간 그의 시편들이었다. 시편들의 수준은 압권이었다. 동양의 승려들이 면벽수도를 하듯 그는 굳게 닫힌 방에서 우주의 질서를 깨우쳤던 것이다. 그의 인생을 다룬 영화 제목이 왜 〈조용한 열정〉인지 이해가 되는 부분이다. 영화 후반부에는 56세 나이로 세상을 떠난 그의 장례식 모습이 비치면서 그가 자신의 죽음을 예견한 듯 써내려간 시 한 편이 흐른다.

내가 죽음 때문에 멈출 수 없기에
친절하게도 죽음이 나를 위해 멈추었네
수레는 실었네, 우리 자신은 물론
또 영원을
우린 천천히 나아갔네 죽음은 서두르지 않았네
그래서 난 죽음에 대한 예의로
내 고통도 안일도 함께
실어버렸네.

○

사랑이란 이 세상의 모든 것
우리가 사랑에 대해 알고 있는 모든 것
이거면 충분하지,
하지만 그 사랑을 우린
자기 그릇만큼밖에는 담지 못하지.

애도의 방식도 이데올로기의 산물이다

드라마에 가족들의 저녁식사 모습이 나온다. 어머니는 앞치마를 두르고 분주히 음식을 나른다. 신문을 펼쳐보던 아버지는 "식사하세요"라는 어머니의 말을 듣고 그제서야 식탁에 와서 앉는다. 익숙한 유아용품 광고도 생각해보자. 유아용품 광고에서 사용자로 나오는 사람은 늘 여성이다. 남자가 분유나 기저귀 광고에 사용자로 나오는 경우는 없다.

우리 두뇌는 이 드라마나 광고를 아무 문제없이 당연하게 받아들인다. 과연 당연한 걸까? 남자가 요리를 하면 안 되는 걸까? 아버지는 아이에게 분유를 먹이고 기저귀를 갈아줄 의무에서 벗어난 자유로운 존재인 걸까?

이 의문에 롤랑 바르트Roland Barthes가 답을 한다. 광고나 드라마에도 계급과 이데올로기가 숨겨져 있다는 것이 바르트가 내린 답이다. 바르트는 대중문화도 일종의 신화로 분류한다. 사람들은 광고나 드라마가 보여주는 이데올로기를 신화를 읽듯이 받아들인다. 이야기이기 때문이다. 하지만 그 이야기에는 은폐된 동기가 있다. 권력의 합리화든 남성우월이든 신화 속에는 반드시 이데올로기가 숨겨져 있다는 것이 바르트의 주장이다.

프랑스의 구조주의 철학자인 롤랑 바르트는 죽음이라는 신화에도 문제를 제기한다. 사회가 죽음마저도 코드화했다는 게 그의 생각이다. 바르트가 쓴 《애도일기Journal de deuil》를 보자.

"모든 현명한 사회들은 슬픔이 어떻게 밖으로 드러나야 하는지를 미리 정해서 코드화했다. 우리 사회가 안고 있는 패악은 죽음을 인정하지 않는다는 것이다… 누구나 자기만이 알고 있는 아픔의 리듬이 있다."

사람마다 죽음을 대하는 자세와 슬픔에서 벗어나는 나름의 리듬을 갖고 있는데 사회가 그것마저 공식화했다는 것이다. 바르트의 《애도일기》는 그가 사랑하는 어머니의 죽음을 맞닥뜨린 날로부터 2년간의 기록을 모은 것이다. 바르트는 어머니가 사망한 1977년 10월 25일부터 일기를 쓰기 시작한다. 노트를 사등분해서 만든 작은 쪽지에 때로는 연필로 때로는 잉크로 일기를 썼다. 그는 쪽지들을 세상에 내놓지 않고 작은 상자에 모아두었다.

1980년 2월 25일 바르트가 당시 사회당 당수였던 프랑수아 미테랑과 점심식사를 한 뒤 길을 건너다 트럭에 치이는 사고로 사망한 뒤에도 쪽지는 공개되지 않았다. 쪽지가 세상에 나온 건 30년이 흐른 2009년이었다. 쇠유출판사가 국립문서보관소에 있던 상자를 개봉하고 쪽지들을 편집해 책으로 펴냈다. 이렇게 세상에 나온 《애도일기》에는 바르트의 치밀하면서도 감성적인 죽음을 대하는 자세가 드러나 있다.

"시간이 지나면 슬픔이 나아진다고? 아니다. 시간은 그저 슬픔을 받아들이는 예민함만을 사라지게 할 뿐이다. 예민함은 지나가지만 슬픔은 늘 제자리다."

바르트는 슬픔을 벗어나려고 하지 말고 인정해야 한다고 말한다. 어차피 슬픔은 무엇으로도 메꾸어지기 힘든 '패인 고랑'이므로.

"슬픔은 순수하다. 삶을 새롭게 꾸미겠다거나 하는 결심 따위와 상관없는 게 슬픔이다. 사랑의 관계가 끊어져서 벌어지고 패인 고랑이다."

형식에 기대지 않고, 내 마음에 '패인 고랑'을 있는 그대로 인정하는 것. 그것이 진정한 애도일 것이다.

○

슬픔은 순수하다.
삶을 새롭게 꾸미겠다거나 하는
결심 따위가 상관없는 게 슬픔이다.
사랑의 관계가 끊어져서
벌어지고 패인 고랑이다.

지식은 내 것이 아니다 마음만이 내 것이다

"어느 초라한 농가의 작은방에 지독한 날씨를 피해 들어왔습니다. 방에 발을 들여놓자마자 나에게 달려든 것은 바로 당신 모습, 당신 생각이었습니다. 오오 로테! 거룩하게! 청순하게! 따스하게! 아아, 최초의 행복한 순간이 다시 되살아났습니다."

젊은 시절 요한 볼프강 폰 괴테Johann Wolfgang von Goethe는 고등법원의 수습 직원이었다. 하지만 법조계가 적성에 맞지 않았다. 방황하던 괴테에게 사랑이 찾아왔다. 그녀의 이름은 샤를로테. 이미 약혼자가 있는 여인이었다. 감성적이었던 괴테는 괴로움의 나날을 보냈다.

괴테가 25세에 쓴《젊은 베르테르의 슬픔Die Leiden Des Jungen Werther》은 자기 경험을 쓴 것이다. 문학작품 중 이 소설만큼 세상에 큰 영향을 미친 작품이 있을까.《젊은 베르테르의 슬픔》은 소설을 넘어 하나의 현상이자 열병이었다.

1774년 소설이 처음 출간되자 대중들은 열광했다. 베르테르는 사회적 관습에서 벗어난 '개인의 탄생'을 세상에 알렸다. 젊은 이들은 소설 속에 나오는 베르테르의 푸른 연미복과 노란 조끼를 입었고, 금기를 넘어선 사랑에 도전하기 시작했다. 기성세대들이 책을 '유해 출판물'로 분류하면서 진화에 나섰지만 열풍을 잠재울 수는 없었다. 급기야 소설의 주인공처럼 자살하는 청년들이 생겨나기 시작했다. 훗날 '베르테르 효과'라고 명명된 이 동조자살 현상은 지금도 심심치 않게 뉴스에 등장한다.

괴테는 이 소설로 큰돈을 벌지는 못했다. 무명작가였던 괴테는 좋은 조건으로 출판계약을 하지 못했다. 게다가 유럽 각지에서 해적판이 범람하는 바람에 나중엔 알량한 인세 수익마저 사라졌다.

돈은 벌지 못했지만 명성은 얻었다. 일약 유명인이 된 그는 82세로 사망하기까지 이름값으로만 평생을 살 수 있었다. 괴테 스스로 "사람들은 나를 《젊은 베르테르의 슬픔》을 쓴 작가로만 알고 있다"고 한탄할 정도였다. 그가 60년 세월을 들여 쓴 역작 《파우스트Faust》도 베르테르의 인기를 넘어서지는 못했다.

《젊은 베르테르의 슬픔》은 봉건사회를 뛰어넘어 개인을 발견했고, 사랑다운 사랑을 발견한 작품이었다. 그리고 외쳤다. 세상 그 어떤 사랑도 부끄러운 사랑이 아님을….

"나는 이렇게 많은 것들을 가지고 있다. 그러나 그녀를 그리워하는 마음이 모든 것을 삼켜버리고 만다. 아무리 많은 것을 가져도 그녀가 없으면 나는 아무것도 아니다."

소설에서 가장 획기적인 부분은 베르테르의 장례가 사람들의 애도 속에 치러지는 장면이다. 남편이 있는 여인을 사랑하다 자살로 생을 마감한 남자의 장례가 사회로부터 외면당하지 않았다는 걸 보여주는 이 장면은 매우 상징적이다. 특히 "성직자는 한 명도 참석하지 않았다"는 문장은 많은 걸 말해준다. 《젊은 베르테르의 슬픔》의 개인 선언을 다시 읽어보자.

"아아! 내가 아는 지식은 다른 사람도 다 알 수 있는 것이다. 그러나 내 마음은 나만의 것이다."

○

나는 이렇게 많은 것들을 가지고 있다.
그러나 그녀를 그리워하는 마음이
모든 것을 삼켜버리고 만다.
아무리 많은 것을 가져도
그녀가 없으면 나는 아무것도 아니다.

사람도 순록도 별도 모두 이 세상의 여행자일 뿐

19세의 일본 대학생 호시노 미치오星野道夫는 유명한 헌책방 거리 간다에서 알래스카를 담은 사진집 한 권을 보게 된다. 그는 무엇에 홀린 듯 사진집 앞부분에 실린 역광으로 촬영한 마을 사진에 마음을 빼앗긴다. 세상 어디에도 존재하지 않을 것 같은, 생명이라고는 아무것도 살지 않을 것 같은 설원 위에 자리 잡은 비현실적인 마을이었다. 사진 설명에 있는 마을의 이름은 시슈머레프. 호시노는 시슈머레프 촌장에게 편지를 쓴다. 주소를 알 수 없어 겉봉에는 'Shishmaref Alaska USA'라고만 적는다.

"그 마을에 가고 싶습니다. 어떤 일이든 할 테니 받아주실 수 있으신지요?"

그로부터 반년이 지난 어느 날 기적적으로 답장이 도착한다.

"오세요. 여름은 카리부(순록) 뿔을 자르는 철입니다. 그 작업을 거들 수 있을 겁니다."

호시노와 알래스카의 인연은 그렇게 운명적으로 시작됐다. 알래스카에서 석 달을 지낸 그는 한 번뿐인 생을 그곳에서 보내기로 결심한다.

"이 세상 끝인 줄 알았던 곳에도 사람들의 삶이 있다. 지구 어디에서 살든 인간은 한 가지 점에서 모두 똑같다. 누구나 한 번뿐인 소중한 생을 산다는 것이다. 세계는 그런 무수한 점들로 이루어져 있다."

일본으로 돌아와 게이오대 경제학부를 졸업한 호시노는 동물 사진작가의 조수로 들어간다. 2년 동안 사진을 배운 그는 아예 알래스카대 야생동물관리학부에 입학해 본격적으로 알래스카 사람이 된다. 그는 내셔널지오그래픽 같은 매체에 알래스카의 숭고한 자연을 보여주는 일을 하면서 생을 보낸다.

그가 남긴 책에는 《알래스카 바람 같은 이야기》, 《여행하는 나무》, 《영원의 시간을 여행하다》 등이 있다. 책에서는 어떤 일에 영혼을 묻지 않은 자는 도저히 도달할 수 없는 경지에 이른 문장들이 여럿 발견된다.

"어떤 생명도 한자리에 머물지 않는다. 사람도, 카리부도, 별조차도 무궁한 저쪽으로 시시각각 여행하는 것일 뿐."

"자연이란 인간의 삶 바깥에 있는 것이 아니라, 사람의 삶마저 포괄하는 것이다. 때로는 아름답고 때로는 잔혹하다. 자연은 연약하고 강하다."

안타깝게도 호시노는 바람과 카리부와 곰과 인간이 평등한 구성원으로 오차 없이 돌아가던 알래스카에 균열이 가는 것을 지켜봐야 했다. 석유 석탄 천연가스 같은 화석연료를 채굴하기 위해 문명이 밀려들면서 모든 것이 어긋나기 시작한 것이다. 호시노는 한 이누이트의 말을 전한다.

"에스키모의 삶에는 카리부 떼가 전부였지. 우리는 카리부와 함께하면서 정신적인 충만을 얻었어. 완성된 삶이 있었던 거야. 그런데 언젠가 화폐경제가 들어오면서 인간과 카리부의 관계가 약해졌어. 사람들은 새로운 가치관을 찾기 시작했지. 그런데 그 새로운 가치관이라는 게 카리부 떼와 달라서 아무리 쫓아도 붙잡을 수 없는 것이었어. 사람들은 완성된 삶에서 그렇게 점점 멀어졌지."

호시노는 가슴 아픈 사고로 생을 마감한다. 1996년, 그는 텐트를 습격한 곰에 의해 촬영 현장에서 사망한다. '바람과 카리부가 가는 곳은 아무도 모른다'는 알래스카의 속담처럼 호시노는 그렇게 무궁한 어딘가로 떠나버렸다. 그의 삶에 경의를….

○

지구 어디에서 살든
인간은 한 가지 점에서 모두 똑같다.
누구나 한 번뿐인
소중한 생을 산다는 것이다.
세계는 그런 무수한
점들로 이루어져 있다.

혼 위에 뼈와 살을 입고 있다는 것

휴가병이었던 나는 서점에서 책을 한 권 집어 들었다. 박상륭의 《죽음의 한 연구》였다. 친구들이 암호를 해독하듯 읽어야 한다고 말했던 바로 그 책이었다. 엄청난 만연체 문장과 복합적이고 심오한 내용 때문에 난해하기로 유명했던 이 소설은 당시 문학 지망생들 사이에서 '넘어야 할 산'의 하나로 추앙받고 있었다. 내가 이 소설을 구입한 데는 또 다른 이유도 있었다. 일등병이었던 나는 고참들에게 책을 빼앗기는 게 싫었다. 읽고 돌려준다고 말은 하지만 빌려간 책이 내 손으로 돌아오는 경우는 드물었다. 그래서 나는 첫 페이지만 읽어도 질릴 만한 이 어려운 책을 선택한 것이었다. 효과는 완벽했다. "무슨 책이야, 이리 줘봐" 하면서 책을 가져갔던 고참들은 이내 책을 다시 내려놓았다.

"…사철 눈에 덮여 천년 동정스런 북녘 눈뫼로나, 미친년 오줌 누듯 여덟 달간이나 비가 내리지만 겨울 또한 혹독한 법 없는 서녘 비골로도 찾아가지만, 별로 찌는 듯한 더위는 아니라도 갈증이 계속되며 그늘도 또한 없고 해가 떠 있어도 그렇게 눈부신 법 없는데다, 우계에는 안개비나 조금 오다 그친다는 남녘 유리로도 모인다."

이런 식으로 시작하는 소설이니 고참들이 질릴 만도 했다. 작전은 그렇게 성공했고 나는 그해 여름을 《죽음의 한 연구》와 보낼 수 있었다.

《죽음의 한 연구》는 한 사내가 죽음을 탐색하면서 스스로 죽음을 향해 가는 이야기다. 바닷가에서 작부의 자식으로 태어난 사내는 노승을 만나 제자가 되고 그를 따라 '유리'라는 마을로 들어간다. 사내는 그곳에서 스승을 죽이고 마른 늪에서 고기를 잡고, 여인들과 타락을 일삼다가 결국 처형당한다.

주인공이 스승까지 죽이고 자신도 죽어가는 이야기에서는 선불교의 육조 혜능이 떠오르고, 서른세 살의 사내가 불모의 마을에서 40일을 버틴 소설 구성을 보면 예수가 떠오른다. 그뿐만이 아니다. 소설에 짙게 깔린 모성과 부성 콤플렉스에서는 오이디푸스가 연상되고, 그가 깨달음을 향해 나아가는 기이한 과정들을 보면 니체의 자라투스트라가 자연스럽게 생각난다.

소설의 깊이와 크기는 이처럼 무지막지하다. 여기에 한 문장이 반 페이지에 이를 정도인 엄청난 만연체, 알아듣기 힘든 사투리까지 더해져 《죽음의 한 연구》는 소설이라기보다는 하나의 철학적 경전으로 한국 문학사에 오롯하게 자리를 잡았다. 놀라운 건 이 방대하고 복잡한 소설에 기막힌 '리듬'이 숨겨져 있다는 사실이다. 이 리듬이 소설을 경전으로 격상시키는 데 일조한다.

작가 박상륭은 1940년 태어나 《사상계》를 통해 등단했다. 그는 등단 이후 불현듯 가족과 함께 캐나다로 이민을 떠난다. 이민 후 병원 영안실 청소부 일을 하기도 하고 서점을 운영하기도 하면서 1975년 《죽음의 한 연구》를 출간한다. 그는 책 출간 후 열린 한국 언론과의 인터뷰에서 "대중에게 아첨하는 글은 쓰지 않겠다"고 일갈했다. 그랬던 그가 캐나다에서 사망했다는 소식이 들려왔다. 평생을 죽음의 문제에 천착했던 그가 스스로 죽음을 맞상대한 것이다. 가슴이 묘하게 떨려왔다. 그는 과연 죽음의 미스터리를 풀었을까? 나는 그의 소설에서 이 구절을 특히 좋아했다.

"혼 위에 뼈며 살을 입고 있다는 것은 무겁고 거추장스러우나, 그래도 그 탓에 혼은 좀 덜 추운 것이다."

그의 명복을 빈다. 그가 간 곳이 업業의 굴레로부터 영원히 벗어난 곳이기를 기원한다. 편히 쉬시기를.

○

혼 위에 뼈며
살을 입고 있다는 것은
무겁고 거추장스러우나,
그래도 그 탓에
혼은 좀 덜 추운 것이다.

삶이란 끝없이 진행되는 이해할 수 없는 실수다

여름방학 어느 날 저녁, 나는 우연히 사회과부도를 펼쳐보고 있었다. 시선이 서해안 쪽을 향하고 있었는데 '비인'이라는 지명이 눈에 들어왔다. '참 예쁜 이름이네' 하는 생각이 들었다. 한자를 찾아보니 감쌀 비庇에 어질 인仁 자였다. 어진 것을 감싸는 땅이라니, 더욱 매력적으로 다가왔다.

포털 같은 게 없던 시절이니 더 이상의 정보는 없었다. 무작정 터미널로 향했다. 버스를 세 번인가 갈아타고 비인면에 도착했다. 버스에서 내린 곳에서 한참을 걸어가니 바다가 있었다. 비인은 내 예상과는 너무나 달랐다. 관광객 하나 없는 쇠락한 해변이었고, 언제 발동을 걸었는지 기약할 수 없는 낡은 목선 몇 척이 모래톱 위에 올라서 있었다. 낡은 표지판에는 일제강점기에 개발된 해수욕장이었으나 지금은 폐장을 했다는 내용이 적혀 있었다.

바닷가에 걸터앉아 노을이 질 때까지 한참을 앉아 있었다. 묘한 느낌이 나를 감싸 안았다. 흘러간 일들이 이야기가 되어 내게 다가오는 듯했다. 해수욕객으로 가득 찼을 개화기 만선한 배에서 생선을 부리는 어부들의 모습, 한때 융성했을 염전. 세월을 함께 했을 사람들의 삶과 사연이 몸으로 다가오는 게 느껴졌다. 물론 지금 비인은 또 다른 모습으로 발전해 있겠지만 30년 전 비인은 내게 그렇게 다가왔다.

W G 제발트W G Sebald의 책 《토성의 고리Die Ringe des Saturn》를 읽으며 자꾸만 비인 여행의 기억이 또렷이 다가왔다. 독일 출신으로 영국에서 활동한 작가 제발트는 어느 날 문득 영국 동남부로 여행을 떠난다. 내면의 공허 때문에 별 목적 없이 떠난 여행이었다. 그곳에서 그는 쇠락한 한 시대를 만난다. 파괴된 숲, 버려진 청어 가공공장, 낡은 저택들, 몰락한 도시, 문명의 흐름에서 비켜난 사람들….

"이제는 아무도, 아무것도 없다. 반짝거리는 제복 모자를 쓴 역장도 없고, 하인과 마부도, 초대된 손님도, 사냥 모임도, 질긴 트위드 재킷을 입은 신사나 우아한 여행복을 차려입은 숙녀도 없다. 한 시대 전체가 끝나는 건 한순간의 일이라는 생각을 자주 하게 된다."

제발트는 폐허에서 태어났다. 1944년 독일 베르타호에서 태어난 그는 전쟁이 남긴 쇠락한 풍경을 보며 자라난다. 프라이부르크에서 대학을 마친 그는 영국으로 건너가 그곳에서 독문학을 가르치면서 산다.

그가 왜 쇠락한 지역을 여행하면서 책의 제목을 《토성의 고리》라고 했는지 생각해볼 필요가 있다. 토성이 생성될 무렵 부서져 나간 먼지와 얼음이 궤도를 떠나지 못한 채 레코드판 모양으로 토성을 둘러싸고 있는 것이 토성의 고리다. 생성에 기여했으나 이제는 부서져버린 것들이 그곳을 떠나지 못하고 머물러 있는 것이다. 아이러니하게도 그 잔해 때문에 토성은 가장 아름다운 행성이 될 수 있었다. 잔해들이 토성의 미학을 완성해주고 있는 것이다.

이런 거대한 결과들을 볼 때 인간은 얼마나 미약한 존재인가? 섬세하고 개성 넘치는 작가는 비행기에서 지구를 내려다보며 이렇게 독백한다.

"이 높이에서 보면 주택과 공장은 보이지만 인간은 확인할 수 없다… 우리가 우리의 목적과 결말에 대해 얼마나 아는 것이 없는지 끔찍하리만큼 분명해진다."

우리는 모두 아름다운 폐허를 향해 가고 있는 중이다.

○

이 높이에서 보면
주택과 공장은 보이지만
인간은 확인할 수 없다.
우리가 우리의 목적과 결말에 대해
얼마나 아는 것이 없는지
끔찍하리만큼 분명해진다.

죽음을 자각하는 자만이 실존을 회복할 수 있다

얼굴 사진 한 장이 그 사람의 모든 것을 말해주는 경우가 있다. 마르틴 하이데거Martin Heidegger가 그렇다. 처음 하이데거 사진을 봤을 때 흡사 '바위'를 보는 듯한 느낌이 들었다. 네모진 얼굴에 굳게 다문 입술, 흔들림 없는 눈동자. 하이데거의 얼굴은 지적인 엘리트의 얼굴이라기보다는 우직한 바위에 가까웠다. 얼굴만 봐도 그가 존재에 대해 얼마나 장엄하고 묵직한 질문을 던졌을지 짐작이 간다. 하이데거의 《존재와 시간Sein und Zeit》은 현대철학에 던져진 커다란 바위 같은 책이다. 솔직하게 말하자면 어려운 책이기도 하다. 독일인들도 "하이데거의 《존재와 시간》 독일어판은 도대체 언제 나오는 거냐?"는 우스갯소리를 한다고 한다. 하지만 샘의 깊이를 알 수 없을지라도 샘물의 신선함과 차가움은 느낄 수 있는 법. 《존재와 시간》은 우뚝 선 성채처럼 서재에서 우리를 내려다본다. 나는 요즘 부쩍 하이데거 생각이 난다. 존재에 대한 이런저런 의문에 빠졌다는 뜻이다. 하이데거는 "인간이 진리를 구하기 위해서 할 일은 머리를 쓰는 것이 아니라, 존재가 스스로 목숨을 드러낼 수 있도록 존재 앞에서 자신을 낮추는 것"이라고 말했다. 하이데거는 책에서 '존재'에도 '급級'이 있다는 깨우침을 던진다. 그저 그런 존재자들은 존재의 본질을 잃어버린 채 비본래적uneigentlich인 삶을 산다. 쉽게 말해 내가 가진 고유한 가치를 구현하려고 하지 않고 세상이 시키는 대로 살아간다. 본래적인 가치를 잃어버리고 사는 것이다.

독일 남부에서 태어난 27세의 소장학자 하이데거는 제1차 세계대전이 끝난 직후 불안과 군중심리가 횡행하는 유럽 대륙을 보면서 소리쳤다. "일상성에서 벗어나 자신의 삶으로 돌아가라"고. 여기서 '일상'이라는 단어는 자신이 삶의 주인이 아닌 채 사회나 타인이 시키는 대로 사는 수동적인 삶의 모습을 상징한다. 그렇다면 의미 있는 '존재'는 어떻게 해야 가능할까. 여러 가지 독법이 있겠지만 이 짧은 글에서 단적으로 표현하자면, '죽음'이라는 단어에서 그 가능성을 읽으면 된다. 하이데거는 죽음을 자각하는 자만이 실존을 회복할 수 있다고 말했다. 죽음을 자각함으로써 스스로 유한한 존재라는 것을 깨닫고 진정한 자기 삶을 살 수 있다는 것이다. 왜 죽음일까? 죽음은 자기 자신 이외에는 어느 누구도 대체할 수 없는 구체적이고 유일한 극적인 상황이다. 인간사의 모든 일은 불확실하지만 단 한 가지만은 확실하다. '누군가 언젠가는 죽는다'는 것이다. 하지만 사람들은 대부분 죽음을 회피한다. 이 때문에 자기 삶의 주인이 되지 못하는 것이다.

"타인의 지배에 놓여 있는 일상세계로부터 떨어져 나온 유한하고 고독한 세계, 그곳이야말로 본래 우리의 세계이며 우리는 그곳에서 비로소 존재 의미를 찾을 수 있다."

하이데거는 죽음으로부터 도피하지 않고 그것에 용기 있게 직면하면서 자신의 본래의 가능성을 자각하는 것이 실존을 찾는 길이라고 역설한다. 즉 아직 오지 않은 죽음에 대한 경험을 먼저 취함으로써 자기의 삶을 책임감 있게 이끌 수 있다는 것이다.

하이데거는 사실 역사에 파묻힐 뻔한 과오를 가지고 있었다. 프라이부르크 총장 시절 나치에 협력했다는 혐의와 제자였던 한나 아렌트와의 불륜이 그것이다. 둘 다 나름 치명적인 과오임에도 불구하고 철학사史는 그를 파묻지 않았다. 그가 《존재와 시간》을 통해 던진 바위 같은 물음이 현대철학의 1장 1절이 됐기 때문이다.

○

인간이 진리를 구하기 위해서
해야 하는 일은
머리를 쓰는 것이 아니라
존재 앞에서
자신을 스스로 낮추는 것이다.

생각정거장

생각정거장은 매경출판의 브랜드입니다. 세상의 수많은 생각들이 교차하는 공간이자 저자와 독자가 만나 지식 여행을 시작하는 곳입니다.

마흔에는 고독을 받아쓰기로 했다

초판 1쇄 2024년 5월 8일

지은이 허연
펴낸이 허연
편집장 유승현 **편집1팀장** 서정욱

책임편집 서정욱
마케팅 김성현 한동우 구민지
경영지원 김민화 오나리
표지 디자인 북디자인스튜디오 책장점 **본문 디자인** 이은설

펴낸곳 매경출판㈜
등록 2003년 4월 24일(No. 2-3759)
주소 (04557) 서울시 중구 충무로 2 (필동1가) 매일경제 별관 2층 매경출판㈜
홈페이지 www.mkbook.co.kr
전화 02)2000-2630(기획편집) 02)2000-2634(마케팅) 02)2000-2606(구입 문의)
팩스 02)2000-2609 **이메일** publish@mk.co.kr
인쇄·제본 ㈜M-print 031)8071-0961
ISBN 979-11-6484-679-5 (03100)